18歳の壁
どう乗り越えるか

和田秀樹

金の星社

はじめに

昔から、日本では中高生というのは難しい時期だと思います。

思春期は、だんだん性に目覚め、異性のことを好きになったり、親に秘密を持ち、親離れをする時期だとされています。

それまでは、親との一体化が強く、子ども同士のケンカは、今はそんなことを言う人は少なくなったでしょうが、「お前の母ちゃんデベソ」と言って、相手を攻撃する際に、「お前の母ちゃん」を攻撃していました。ところが、初めてエロ本を買ったとか、好きな人ができたとか、親に秘密ができると、それを誰かに打ち明けて、それを受け入れてもらう経験をすることになります。この打ち明ける相手であり、受け入れてもらえた相手が親友というわけです。こうなってくると親より親友が大切な存在になります。

「お前の母ちゃんデベソ」と言うことはなくなり、子ども同士のケンカは親友グループ同士のケンカになります。

これは長年続いてきた思春期の子どもの心の発達のモデルなのですが、今はそうはいかなくなっている気がします。

仲間はずれになるのが怖い人は、自分の秘密を打ち明けて、それが受け入れられないと仲間から外されるのが心配なことでしょう。

自分の秘密がＳＮＳで拡散されることを心配する人もいるでしょう。

私が子どもの頃と比べて、「みんな仲良し」でいることが求められ、悪口どころか、ニックネームもいけないことになってきています。

実際、子どもの世界だけでなく、大人の世界でも「同調圧力」というのが問題にされていて、コロナ禍のときなどは、マスクをしていないだけで白い目で見られたり、人と食事をしているだけで非難の対象になりました。

日本にいると気づかないことなのですが、欧米では、マスクをする派としない派に分かれて、お互いに多くの味方がいました。日本ではみんなと同じにしない人が排斥されました。こういう国では、自分だけの秘密を打ち明けて親友をつくるのは難しいでしょう。

思春期というのは、親友をつくったり、性的に目覚めたりするだけでなく、自分というものを確立する時期だともされています。

○○という職業につくという方向性を決めたり、今の時代のように多様性の時代では、一つの仕事を一生やっていこうとか、自由に職業を変えていこうなどという選択をする時期だということです。

あるいは、対人関係が苦手だからオンラインの仕事を選ぶとか、デイトレードで生きていこうという選択もあるでしょう。

日本の場合、たとえば医者になろうとしたら、高校生のうちに進路を決めないといけないし、他の多くの職業もその傾向があるのですが、私には高校生の間に、それだけの能力と情報があると思えないのです。それも含めて、日本の高校生は難しいと考えています。

たとえば職業選択の際に、どの時代でも親や教師からの圧力があるものなのですが、日本の場合、周りの友だちから浮いてしまうという不安も生じてくる人は少なくないでしょう。

そして、東京などにいればともかく、地方などでは、変わった生き方やオンラインをうまく使って生きている人が少ないので、相談に乗ってくれる人を見つけるのも難しいかもしれません。ホリエモンのようになりたくても、どうしたらいいかわからないという人もいるでしょう。

周りの友だちはおとなしいし、親も教師もマスコミとかSNSもそれぞれ言うことが違うので、どうしていいかわからないということです。

私は長年精神科医という仕事をやってきた上に、通信教育で大学受験指導を行ってきました。志望校に合わせて、そして、本人の現時点での学力に合わせて、どんな勉強をどんな方法でやればいいかを教えていく指導です。その通信教育では受験生の悩みを聞く欄もあるので、それにも目を通してきました。いろいろな職業も経験し、社会人としてそれなりに成功し、64歳になった今でも、しばらくは仕事を続けられる立場と能力があります。

何より、二人の娘を育て上げ、今は二人は弁護士と医師をやっています。職業以上に、現時点で幸せな生活を送っていることを喜んでいます。本書には、娘たちを育てる際に彼女たちに話したことも入っています。

そういう知識と経験から、現時点での悩みや迷いに対して、親や教師も含めた上手な人間関係をどのようにつくっていくか、あるいは、間近にせまった大学受験や進路選択をどうしたらいいのかなどの問題について、私なりの答えを示すことにしました。

もちろん、この答えが絶対のものとは思いません。でも、周囲に良い答えを出してくれる人がいないときや、親や教師の言うことがしっくりとこないとき、自分で考えるにも考える材料が少なすぎるときには、ある程度、役立つヒントであり、情報であると思います。

情報というのは、頭の中に入った段階で知識になるというのが認知心理学の基本的な考え方です。そして認知心理学では、この知識がないとそれを加工した思考はできないとされています。

私が提供する情報をもとに自分で考えることで、現状や自分の将来を少しでも楽なもの、実りのあるものにしてもらえれば著者として幸甚この上ありません。

君たちのより良い現在と、素晴らしい未来を信じています。

目　次

第１章
自分自身を知る

1　自分自身を受け入れる

自分自身を受け入れるということは、大きく二つ意味があると思っています。中高生の頃は、自分が得意なこと、苦手なことが自然とわかってくる年齢ですが、将来どうやって生きていこうかといろいろ悩むことが出てくる時期でもあります。

仮に、君が将来ミュージシャンとして生きていきたいと思ったとします。そこで、ギターを弾いてみたら全然指が動かない、作曲しようとしても歌詞や楽曲が思い浮かばない、極めつきは歌がうまくないという現実を突きつけられてしまう……ということがあるかもしれません。

また、野球をやっているので大谷翔平《おおたにしょうへい》選手みたいになろうと目標を持ったとしても、現実はレギュラーにもなれないくらいの実力だったと思い知らされたりします。

音楽とかスポーツとかの才能があるかどうかの見極めはなかなか難しいものがありますから、理想的なことばかり追いかけていてもしょうがないということがあります。

そういう現実的なことがわかってきて、それなら勉強面でがんばろうと考えたとき、勉強に関してもちょっと自信が持てない自分がいたりもします。

自分ができることとできないことがあるという自覚が出てきた中で、できないことがあるなりに、どう生きていくかということを考えないといけない年齢なのです。

もちろん、今できないと思っていることでも、将来できるようになる可能性もあるわけです。

周りの友だちと上手に合わせられないとか、クラスの人気者になれないとかいう悩みがあったときに、嫌われないためにみんなに合わせていこうと考えてしまうこともあるでしょう。

親や学校の先生たちは、「今はまず勉強しなさい」と言ってくるわけです。それは勉強の世界で生きていけるように指導してくれているとも考えられます。周囲に合わせてばかりいる人間になるか、親や学校の言いなりになる人間になるのか、そうではない自分として生きていくのかということの線引きが、このぐらいの時期からだんだんと出てきます。

たまたま運良く、クラスで人気者だとか、勉強ができるだとか、周囲の期待通りになってしまったら、その人たちの前では、いつもそうしないといけないと思ってしまう自分がいるわけです。周囲の期待が高かったとしても、今までうまくいっていたとしても、やはり自分のやりたいこと、思ったことを信じて進んだほうがいいと思います。

周囲が押しつけてくる「自分でない自分」ではなくて、自分はこんな人間なんだと自分を受け入れることも大事です。

自分を受け入れるということは、自分の理想通りではないけれども、できること、できないことがある、それを含めた自分自身を受け入れるということです。

自分を受け入れるということは、「自分を信じる」ことでもあります。いろいろ悩んでしまう時期ですが、将来は今よりはマシになるかもしれないからとりあえずやってみよう、と思うのも大事なことです。

自分を信じられる人間になってほしいと思います。

2　自分の好きなこと、得意なこと

絵を描くことが好き、ギターを弾いているときが一番楽しい。しかも周囲の人たちは「うまいね」とほめてくれる。

自分の好きなことや得意なことがある人は、それだけでとてもラッキーなことだと思います。

この先、これらのことがすごいレベルにまで上りつめられるかどうかは未知数ですが、今現在、自分の時間として楽しむとか、特技を伸ばすとか、好きなものを大事に育てていってほしいと思います。

ここで重要なポイントは、そういった好きなものがあることは素晴らしいことですが、実際問題として目の前に高校受験を控えている、さらにその先には大学受験もあるというのが現状です。

ほかに目的があるとか、親や学校からの圧力があって、自分の好きなことだけやっていくという選択が取れないこともあるでしょう。どちらを取るのか悩むのも大事なことだと思います。

その場合、安全パイとして一応大学だけは行っておこうとか、何かの資格を取っておこうという考えもあるわけです。

要するに、この道しかないと思ってしまうと、その道がダメになったときに、私たち精神科医の立場から見ると、自己否定に走ったり、うつになったりする人が意外に多いというのが実感です。

私のことを「本を書いたり、映画を撮ったり、好き勝手に生きているやつに臨床などできるわけない」と言う人もいますが、それは違うと思っています。そう言っている人たちが動物実験をしている時間に、私は本を書いたり好きなことをやっているわけです。精神科医の私には、動物実験が患者さんを診るために役に立つとはまったく思えないのです。その代わり、私は患者さんを診るときは一生懸命診ています。

私はもともと「自閉症スペクトラム障害」（社会的コミュニケーションを維持することが苦手・周囲との共感性に乏しい・マイペースに関心のあることに向かって行動してしまうという特徴を持つ。周囲の状況・他人の関心に構わず自分の好みのものに熱中してしまう特性がある）なので、両立ができないということ自体あまり思わないし、信じられないのです。

有名なトーマス・アルバ・エジソンも、発達障害だったと言われていて、注意欠如多動性障害だったおかげでいろいろなことに興味が持てたわけです。しかも発明家であるだけでなく大起業家になっています。

最終的に、君たちがどちらの道で生きていくかということはわからないわけです。

たとえばシンガーソングライターの小椋佳《おぐらけい》さんみたいに、東大を出て銀行員をやりながらミュージシャンをやることだってできるわけです。

私自身もどちらかというと世間的に見るとずるい考えと言われるかもしれませんが、本業として医者の免状を持っているから、好きなことができていると思っています。

実際、映画を撮りたくなったら映画を撮ることもできるわけだし、ワインが好きになったら、いろいろなワインを飲んだり、コレクターとして楽しむことができているわけです。

そういう私の姿を見て、保険をかけているとか安全パイをとっているとか言う人はいますが、そういった保険をかけるのが夢のためであれば、保険をかけることは決して悪いことではないと思っています。

3　自分の性格、コミュニケーション能力

友だちと仲良くできないとか、みんなに合わせられない人のことを指して、「性格が悪い」とか「コミュ障」（コミュニケーション障害）と言ったり、場合によっては自閉症スペクトラムで発達障害扱いをされたりすることがあるようです。

コミュ障とは、インターネット掲示板やＳＮＳなどで使われていた言葉で、人と話そうとすると緊張してうまくいかなかったり、相手の意見を聞くことができず一方的に話してしまったりする人のことをいいます。

会話が苦手ということで、人と話すことに自信がなくなり、他人と接することが怖いと感じるようになって、人と会うのを避けてしまう傾向があるようです。

その半面、直接の会話は苦手でもメールや文章を通してならコミュニケーションができるという人もいます。

コミュニケーション能力というのは一朝一夕で身につくものではないので、それを磨かなければいけないと強く思う必要はないと考えています。

昔と違って、今はさまざまな場面で、テレワークなど、いろいろな選択肢がありますから、人とうまくつき合えない人でも働きやすくなってきていると思います。

授業だって遠隔で受けることができるし、学校に通うのが苦手だったら、N高校（インターネットと通信制高校の制度を活用したネットの高校）のような学校を選ぶという方法もあるわけです。そういった中から自分に合った居場所を見つけていけばいいのです。

ケンブリッジ大学精神科の教授で自閉症の研究者である、サイモン・バロン＝コーエン教授は、人間の脳には人とコミュニケーションするとか、人の気持ちを読む能力「共感脳」があると言っています。人間は他の動物と比べてはるかに共感脳が優れているので、それで社会をつくったり、国をつくったり、農業をするようになったと説いています。

もう一つは、「システム化脳」といって、物事の法則性とかルールというようなものを見抜いたり類推したりする能力です。

このシステム化脳によって世の中を発達させるいろいろな発明をしたり、発見をしたりするということです。

いわゆる日本で文系と言われている人たちは共感脳の人。理系と言われている人がこのシステム化脳の人で、一般的に理系の人間は冷たいみたいに思われているようですが……。

コーエン教授の研究でも、やはりシステム化脳の発達と共感脳の発達というのは逆相関の傾向にあるらしく、天才的にシステム化脳が強い人というのは共感脳が弱いようです。だから天才には変わり者が多いということでしょうか。

しかし逆に言えば、天才がいないと世の中は進歩していかないし、周りに合わせるだけの結果になってしまいます。変わっている人がいなければ世の中は進歩しない、それを個性と見なさないといけないわけです。

日本はいわゆる常識的な学者しかいないような国だから、そういう変わり者を学者の世界でさえ排除してしまうわけです。

自分がそういうシステム化脳の人間だと思うのであれば、変わり者だけど頭がいいとか、数学的にものを考えるのが好きだと考えるようにして、それは個性だと思えば良いでしょう。

4　自分の感情をコントロールする方法

感情をコントロールする上で大原則だと思っていることが一つあります。極端な話ですが、相手を殺してやりたいと思うのは勝手ですが、本当に殺してしまったら刑務所に入れられるわけです。そういうことを踏まえずに、わけのわからない道徳教育を受けているのです。

その道徳教育の中では、人のことを見下してはいけないとか、エッチなことを考えてはいけないとかいう話になりがちですが、私はどんなことでも考えることは自由だと思っています。

つまり、心の中で何を思おうと勝手ですが、それを行動に起こしてはいけないというのが最大の感情コントロールなわけです。

たとえば、「こいつすげえ頭悪いな」とか、「むかつく」と思ったときに、それを口に出してしまったとします。でも、それを言った時点でもう負けなんですね。

感情のコントロールというのは、怒ってはいけないとか、バカにしてはいけないとかという意味での感情のコントロールではなくて、行動と言葉のコントロールのことをいいます。

「言ってはいけないことは言わない、やってはいけないことはやらないという、当たり前のことができるようにしましょう」ということです。

腹を立ててはいけないのではなく、腹が立ったからといって相手をののしったり、たたいたりしてはいけないということです。

そのためには、たとえば腹が立ったときには心を落ち着かせるために深呼吸をしてみるなど、抑える方法を何か一つ知っておくということが大事です。

それと、感情のコントロールの対象として意外に知られていないことの一つに、人間というのは「感情的判断」というものをすることがあります。

嫌いな人が言ったことは間違っていると思う。好きな人が言っていることは正しいと思う。気分がハイなときは何でもできると思う。落ち込んでいるときは何をやってもダメだと思う。あるいは、不安なことがあると外へ出るのが怖くなるとか。そういう思考パターンが「感情的判断」です。

感情をコントロールする方法としては、「感情的判断」ではなく「理性的判断」をするという習慣を身につけておくといいと思います。

たとえば、高齢者が死亡事故を起こしたら、「高齢者はむかつくぜ。あいつらから免許を取りあげろ」という意見が多くなりますが、統計上の数字を見てみると、高齢者が死亡事故を起こすのは2万件に一人。そのうち、人をはねる死亡事故を起こすのは10万件に一人ぐらいで、若い人たちの起こす事故の件数とそんなに違わないということがわかるわけです。

つまり感情で判断してしまうと、たった1件のニュースで、高齢者は全部悪いということになってしまうのです。

君たちはネット時代に生きているのですから、こういった事件・事故のニュースを冷静に統計で調べてみて、その上で判断するという習慣をつけておくのは大事なことです。

統計に基づいて発言するのであれば、「高齢者から免許を取りあげないといけないですね」とか、「もう免許は80歳定年制にしましょう」とか、世の中の人たちに向けて感情をあおるような意見を簡単に言うことはできないはずです。

5　自分の目標や夢

目標を持つというのはいいことですし、目標があるからがんばれるという利点はあるのですが、これからの時代は、そういうことが古い価値観と言われることが多くなってくると思います。

たとえば、外国の人とその国の言葉で会話できるようになりたいという目標や夢を持って一生懸命外国語を勉強したり、留学して語学やその国の文化を学んだりしたいと思っている人も多くいるでしょう。

しかし今は、便利なツールが出てきていて、英語を習ったり留学したりしなくてもスマホの自動翻訳アプリなどを使って簡単に会話が楽しめる時代になってきており、それらを使うことが当たり前になってきています。

これからＡＩ（人工知能）がさらに進化し、自分が目標や夢としていたことをいとも簡単にＡＩがやってくれるようになります。

たとえば放射線科や外科の医師は、レントゲンの写真を見てがんを見落とさないようにするとか、ＣＴ画像を見てさらに詳しくチェックしてスキルを高め優秀な医者になりたいと願って研さんしているわけですが、実際問題としてこれらの能力は、ＡＩには勝てないわけです。

要するに、目標や夢は当然持っていていいのですが、「いつの日か」というあいまいさでは達成できません。目標や夢の時間には、賞味期限があることを知っておきましょう。

スポーツの世界ではさらに時間が短いわけです。陸上であれ、バレーボールであれ、バスケットボールであれ大差はありません。

大活躍をして輝かしい記録を出しているとしても、体力的にだいたい40歳ぐらいで引退を余儀なくされることでしょう。

そして引退したときに、さて、次はどうやって生きていこうと考えられる人は、選手生活を終えてもずっとすごい人でいられるわけです。

たとえばサッカーで言えば、中田英寿《なかたひでとし》さんは実業家として活躍されていますし、野球のイチローさんは、ＭＬＢシアトル・マリナーズ会長付特別補佐兼インストラクターとして野球に関わり続けています。

夢に向かってがんばるのはもちろん大事なことですが、「夢は終わったな」と思ったときに、次の夢が持てる人は強いわけです。

たとえばスポーツ選手が、そのスポーツ以外になんで他の勉強をしておく必要があるかというと、いろいろな方向にアンテナを張って勉強している人のほうが引退後、さまざまな選択肢が考えられるからです。

その道で一流になるということは、そこでさまざまな人と知り合える機会も増えてくるわけです。その出会いを大切にすることによって、普通の人よりチャンスをつかみやすい環境にいるとも言えるのです。

たとえば、灘高校は圧倒的に医学部に行く人が多いわけです。医者だったら食べていける（生活できる）と思ってしまうのです。このことが保証されているのは、私の人生経験からいうとかなり恵まれていると思います。灘高校から東大に入って何がいいかというと（昔と違って東大を出たからといって出世できるわけではないですが）、東大を出ていると結構賢い知り合いができます。これは私の実感です。

夢は持ったほうがいい、というのは先ほども言った通りです。実現可能性と努力とを考え合わせながら、現在好きなことがあり、夢があるのであればそれに向かって突き進めばいいし、まだ見つけられなくて先のことが考えられないのであれば、今、一生懸命受験勉強しておくことは君たちにとって決してムダな時間ではありません。

6　ＬＧＢＴ、ＬＧＢＴＱとは？

最近、ＬＧＢＴとかＬＧＢＴＱという言葉を見聞きすることが多くなってきました。

ＬＧＢＴとは、Lesbian（レズビアン）、Gay（ゲイ）、Bisexual（バイセクシャル）、Transgender（トランスジェンダー）の頭文字を取り、性的少数者を指した言葉で、Ｑは、Queer（クィア）、またはQuestioning（クエスチョニング）を意味し、さまざまな性的指向、性自認の総称の意味として使われています。

これまでは、男が男を好きになるといったようなことは排除されてきたわけです。ＬＧまではともかくとして、Ｂは男も好きになるし、女も好きになる。とんでもないことだと思われていたわけです。トランスジェンダーは、いわゆる女性だった人が男性に変わるとか、その逆もあるわけです。以前は、「性同一性障害」と言われていましたが、今の診断基準だと「性別違和」といいます。自分は男なのに実は気持ちが女、心は女みたいな状態で、女っぽい服を着たくなるし、男のほうに魅力を感じるわけです。逆に女なのに男みたいなものに興味を持ち、そして女を好きになる。その違和感を何とかしたいと手術を受ける人もトランスジェンダーと呼んでいます。

このようないわゆる性的指向が変わっている人は、誤解されて変態と言われてしまう場合がありますが、こういったことは「個性」なのです。

たとえば子どもしか愛せないと犯罪になってしまうかもしれませんが、そういったものを除けば、「全部理解しましょう」というのが今の考え方です。

既存の考え方として、男だったら男らしくして女を好きになるのが当たり前だとか、女だったら女らしくして男を好きになるのが当たり前だという人間を型にはめるような考えは、国際基準ではもはや許されなくなっているわけです。グローバルスタンダードという言葉があるように、ＬＧＢＴをちゃんと認めていない国は先進国の扱いを受けないのです。

しかし残念ながら、刷り込みや人間としての本能なのかもしれないですが、やはりホモセクシュアルの人とか、トランスジェンダーの人の気持ちが理解できない人が一定数いると思います。でも、そういう人たちに偏見を持ってはいけないのです。なぜならそれが世の中のルールだからです。

ＬＧＢＴ、ＬＧＢＴＱのことはネットなどでも調べられますし、テレビや雑誌でも取りあげられています。最近は、ボーイズラブなど、ドラマや映画にこういった題材のものが多くなってきていて、偏見なく、すんなり受け入れることができている気がします。

ただ、君たちが中高生だとして、自分がそうであると感じている場合、やはり人に言えずに悩んでしまうことがあると思います。

男なのに「男が好きだ」ということをカミングアウトしなければいけない

ような圧を感じているかもしれませんが、カミングアウトは大人になってからでいいと思います。仮に自分がホモだとかレズだとかトランスジェンダーだと感じていても、いつかはカミングアウトして自分らしく生きようと決心するときがくるはずです。昔と比べたら周りが受け入れやすくなっていますから、カミングアウトはそのときでも遅くありません。幸いなことに、中学、高校というのは勉強やスポーツをやらなければいけない場所ですから、そこで自分の気持ちをうまくコントロールしながらやり過ごすことも一つの選択です。

ただ、もう男扱いされるのが耐えられない、女扱いされるのが耐えられないという我慢の限界を超えてしまったときには、保健室の先生（養護教諭）や担任、あるいはスクールカウンセラーなど、信頼できる大人にきちんと自分の気持ちを相談した上でカミングアウトして、そこから解決法を見いだすことが一番いい方法だと思います。

7 思春期は大人になるためのプロセス

思春期は、別名「反抗期」と言われる時期でもあります。

今までは親の言うことを聞いて、それに従っていた子が、自分の価値観や生き方を見つけ出したり、親から離れて親友との価値観の共有を重視したりする時期ですから、そこには当然親や社会へ向けての反抗も現れてきます。なので、この時期に親の考え方がイヤになること自体は、まったく不自然なことではありません。

しかし、反抗という具体的な行動がないといけないかどうかについては、簡単に答えの出せる問題ではないと思います。

一つ言えることは、万引きをしたり、ドラッグをやったりというような反社会的、あるいは大混乱をきたしているようなパターンの反抗は、将来の心の成長にいい影響を与えないことが明らかになっています。

アメリカの精神分析の考え方では、思春期に、ある程度の反社会的行為に走るのは自然なことで、心の成長にも良いとされていました。ですが、オファーという学者の大規模調査で、それは誤りであることがわかりました。

もちろん、中高生時代に不良で、そこでいろいろな経験をしたことが人生の糧となり、その後の発達に良い影響として活かされた人もいるとは思いますが、それはあくまでも例外です。

最近よく問題にされるのは、高校生くらいになっても、親や教師の言いなりの良い子で、まったく反抗しない子が増えてきているということです。

自分のことをいつまで経っても良い子の優等生だと思っている人も中にはいるでしょうが、そうであったとしても、まったく何の反抗もしないという人はまれだと私は考えています。

たとえば男子の場合、エロ本を買ったり、マスターベーションしたりするのをいちいち親に報告しないでしょうし、女子にしても、校則で決まっている髪形や服装を完璧に守る人は少数だと思います。

この時期に大切なことは、反抗したり、大人が作ったルールを破ったりすることを「意図的に」するのではなく、いろいろと押しつけられるルールの中でも、これは守る必要がない、自分の考えと合わないと思われるものについては、試しにルールを破ってみようと考えることだと思います。

門限7時というとんでもないルールを押しつけられたら、たまには20分ほど遅れてみる。大人のほうも、無理なルールを押しつけていると思うから、多少叱りはしても、何となく許してくれたりする。押しつけられたルールをちょっと破ってみることで、大人との「交渉」が始まるのです。

反抗期におけるこの手の経験を積み重ねることで、大人から勝ち取った自分のルールや価値観が生まれてくるものです。

第2章
親とのつき合い方

8　親に隠していること

思春期に一番多い形の親への反抗は、「秘密」を持つことです。しいて秘密をつくるということではなく、おのずと「隠しごと」ができてしまうのです。

思春期に何でも親に話すという子どもはまずいないでしょう。反抗期がないつもりでも、何らかの隠しごとは持っているはずです。

男子ならマスターベーションをしていることは隠すでしょうし、女子もつき合っている男子とキスしたなんてことは話さないでしょう。

精神分析の考え方では、人間が成長していく上で、親に隠しごとを持つようになるのは当たり前だし、必要なこととされています。むしろ、どんなことでも包み隠さず話してしまうようなフランクな親子関係のほうが少ないと思いますし、問題だとも考えられます。

ところが、「王様の耳はロバの耳」という物語があるように、人間は秘密を自分一人の胸だけにしまっておけない動物です。ですから、親に話せない秘密を持ったときに、その秘密を打ち明ける親友が必要になってきます。幼なじみや学校に入ってからの友だち、秘密を話す前の親友と、秘密を話した後の親友では親しさの濃さがまったく違ってきます。

親に秘密を持ち、親友に話せた時点で、親離れに踏み出したことになるとも言えます。

今はむしろ、友だちに秘密を打ち明けられないことで、心理的な親離れができない子どもが増えてきています。このことのほうが問題だと思います。秘密を打ち明けると自分が嫌われてしまうのではないかと思って、結局、親にも友だちにも言えないという子どももいるかもしれません。

近年、子どもの自殺が増えていることも含めて、親友ができないことの影響には大きいものがあります。

いじめにあったとしても、一人でも話せて信じられる友だちがいるだけで、精神的にはずいぶん楽になるものです。逆にいじめられていることを誰にも話せないと、夜中に親の財布からお金を盗まざるをえないようなことが起こってしまうのです。

親に内緒でエロ本を隠し持っていることにだって、実はすごい罪悪感を覚えているかもしれません。けれども、親に隠しごとができるということは成長していく上での重要な過程ですし、秘密を持つこと自体は決して悪いことではありません。むしろ秘密を自分の中だけで解決しようとするのが良くないことなのです。

秘密を持ち、それを打ち明けられる親友ができたとき、思春期にいる君たちが大きく一歩成長できたのだと思って間違いはありません。

9　親は子どもを見放さない

君たちが親の言うことを聞いてしまう理由の一つに、親に嫌われたら見放されるかもしれないという思いがあるのではないでしょうか。

本来ならば、親に嫌われる程度では実害がないはずなのに、なぜ親に嫌われることを恐れたりするのでしょうか。

究極的に言えば、心のどこかで、親に見捨てられると学校にも行けないし、その日の食事にも困るという強迫観念を感じているのではないでしょうか。

現実的な話として、親がよほど病的な人でない限り、君たちがどんなに親が怒るようなことをしようと、絶対に親は子どもを嫌ったりはしません。ましてや見捨てるなんてことはないでしょう。

援助交際やパパ活をしていることを知れば「おまえの顔なんか見たくな

い」と言うかもしれません。でも本当は悲しいのであって、顔を見たくないなどとは思わないものなのです。

もし君が、親が子どもを手放すことはありえないと知っていたとしても、ギブ・アンド・テイクの関係をつくった上で、親の言うことをある程度聞くことを選ぶのは良いでしょう。でも、どうしても自己主張したい、どうしてもこれがしたい、さらにはこれまでの生き方を否定するようなできごとが自分の身に降りかかってきて、生き方を変えたいと思ったようなときには、親にだったら、最後にわがままを言ってもいいと思います。

親のほうが君たちより人生経験が長いのです。言うことが少々ころころ変わったとしても、最終的には君のことを考えて言ってくれているのだから、親の価値観に沿った生き方をしたほうが、たいていの場合は得です。

けれども、親の価値観とはまったく違う価値観を持って、どうしても進みたい道、やりたいことができたときに、最初は猛反対されたり、勘当すると言われたりするかもしれません。でも、その後、最後の最後まで応援してくれるのもやはり親なのです。

とはいえ、親が自分を絶対に嫌わないからとタカをくくって、何でもわがまま言いたい放題にしてもいいというわけではありません。それでは単なる未熟な甘えにすぎません。あくまでも自分に「どうしても」必要である、やらなければならないという、ゆるぎない決意がある場合のみ、その決意を親にちゃんと打ち明けた上で、やってもいいわがままなのです。

君たちが一大決心をしたとき、最後まで応援してくれるのはやはり親だということを忘れないでほしいと思います。

親というのは、他人と違って、最後まで、そして本心から君の味方だということです。どんなに衝突することがあっても、これだけは決して忘れないでいてほしいと思います。

10 親孝行とマザコン、どう違う?

親孝行という言葉が、マザコンやアダルトチルドレンという言葉と混同されているような気がします。

アダルトチルドレンとは、厳しすぎる親などのもとで傷つけられて育ったために、自分の思うように生きられない人を表す言葉です。

でも、遊びを我慢して勉強して出世したからといって、アダルトチルドレンとは限りません。勉強や出世だって自分の意志が入っているはずです。

このようなネーミングをつけることで自分を納得させても、それから先の進歩は意外に期待できません。結果的に、自分の選んだ生き方にもっと自信を持ったほうが前向きに生きられるということです。自分が選んだ生き方なら、結果的に親が喜ぶ「親孝行」な生き方をしても何の問題もないはずです。

君たちの年頃よりも、むしろ社会人になったり、結婚したりした後のほうが多いのですが、母の日にプレゼントを贈るといった、親が喜ぶことをしてあげようとすると、特に女性から「この人、マザコン?」みたいに言われがちです。

親孝行とマザコンの基本的な違いは、親に対する気持ちの方向性にあります。大人になっても親が怖くて言うことを聞いてしまうように、マザコンとは、親のほうが精神的に立場が上のときに使う言葉です。

なので、母の日のプレゼントを忘れて怒られることが怖いと思う気持ちが強ければマザコンと言われても仕方ないですが……。

中高生ぐらいでも、ちょっとしたことで親がかわいそうだと思うことがあるでしょう。反抗したり勉強しなかったりする自分を見て、親がふっと寂しそうな顔をする。ボーイフレンドと初体験をすませたことが何となくバレて、父親がつらそうな顔をする。そんな親たちを見て何とかしてあげなくてはと思う。こんなふうに親より精神的に上の立場で、たとえば母親が喜ぶことをしてあげようという気持ちは親孝行だと思います。

見た目の行動では親孝行とマザコンの区別はつきません。マザコンなのに親孝行と評判になったり、親孝行しているのにマザコンだと言われたりもするかもしれません。

当たり前のことですが、親孝行そのものはいいことです。マザコンやアダルトチルドレンとごちゃ混ぜにして、親孝行をカッコ悪いとか古いとか病気のように言ったり、マザコンに思われるんじゃないかと思って親孝行しないのは間違っています。

親孝行と言われることを恥ずかしがってはいけません。マザコンと言われるようなことがあったとしても、自分が親を大事に思ってしていることであれば、堂々としていればいいのです。

11 「勉強していい大学に入る」のは親の言いなりか？

小学生や中学生の頃からずっと塾に行かされたり、親から「私立のいい中学に入りなさい」とか「いい大学に入ってほしい」とか言われていると、心の中ではイヤだと思いながら、ついつい従ってしまっていると感じている人もいるでしょう。

勉強して出世することが、あるべき姿だと思いながらも、その一方で、これはただ親の言いなりになっているだけではないかと悩んでしまうこともあるでしょう。

人間は自分と同じ価値観を持っている人を仲間にしがちですし、その中で価値観をつくっていきます。

成績がいい人は成績がいい人、スポーツができる人はスポーツができる人同士で価値観をつくっていくものです。

私が灘高にいたときも、私を含め、勉強しているグループは、遊び人グループから「あいつらは親の言いなりになって勉強ばかりしている」と言われていました。私たちは私たちで、彼らを「あいつらは将来使いものにならないバカ」と思っていたものです。

君たちの中にも、遊び人グループではなくて、勉強のできるグループに入っている人がいるでしょう。そのグループの仲間同士では、勉強していい会社に入って出世していうのは当たり前のことになっているでしょう。

ところが、ふと我に返ると、仲間と自分の価値観である「勉強していい大学に入ろう」という考えが、親から言われてきたことと重なることに気づき、もしかすると自分は、親の言いなりで勉強しているんじゃないかと思ってしまいます。

でもそれは違います。たとえば先輩や仲間から「勉強しておいたほうがいいよ」というアドバイスを受けたから、あるいは自分のやりたいことへの一歩としていい大学を希望するから、というように、自分が得てきた情報や考えてきたことにも影響されているものなのです。決して親からの刷り込みだけではなく、そこに自分の判断が加わっていることを自覚しましょう。

君たちにとっては、冷静に将来を考えているかどうかが、一番大事なのであって、親の価値観と自分の価値観が同じであることそのものを悩む必要はまったくないのです。

君たちの年頃になれば、客観的に見て損か得かということを考える力がつきはじめているはずです。物事に悩んだり迷ったりしたときこそ、第三者的な冷静な気持ちで自分の考えや価値観を信用しましょう。

12 DV（ドメスティック・バイオレンス）から逃れる方法

社会問題になっているDVや虐待ですが、日本とアメリカでは対応に大きな違いがあります。

アメリカでは1962年以降、親が子どもを虐待するという事態に社会が衝撃を受け、まず「通告法」という法律が作られました。つまり虐待を疑われる事態があったら、すぐに行政機関に通告しなければならないという義務が課せられたのです。

たとえば、車の中に子どもが一人でいるところを見つけられたらそれは虐待と見なされて通報され、親は刑務所に入れられてしまうこともあります。

虐待されて育った子は親元から離されて施設で育てられます。親から今後は虐待しないという確信が得られない限りは親元に帰しません。親に育てさせないというのが原則です。なぜそこまでするのかというと、そのまま親と一緒にくらすと、その子たちの中から犯罪に走る可能性のある子が一定数出てくるという統計データが出ているからです。

このような事例は日本でもすでに起こっています。「光市母子殺害事件」（1999年）、「大阪教育大学附属池田小学校事件」（2001年）、「京都アニメーション放火殺人事件」（2019年）。これら事件の犯人はいずれも劣悪な家庭環境の中で虐待されて育っています。虐待されて育った子どもは、虐待されているうちに心がボロボロになり、その後の人間形成ができなくなることも珍しくありません。虐待は人間の心をゆがめてしまうものなのです。

今、DVや虐待を受けていると感じているとしたら、その子に言いたいのは、殴る・蹴るなどの暴行は刑法上の犯罪行為なのだということを知ってほしいということです。

虐待の種類には、子どもを殴る・蹴るなど身体に暴行を加える「身体的虐待」、その他に性的行為を強要する「性的虐待」、子どもの保護を怠ったり養育を放棄したりする「ネグレクト」、言葉や態度などで子どもの心を傷つける「心理的虐待」に分類されます。そして、これらのうちのいくつかのタイプが複合して起こることが多いと言われます。

難しいかもしれないですが、そういうときは「逃げる」という選択をしてほしいと思います。そしてとても残念だけれど、今、私からは「逃げなさい」としか言えないのです。

第一段階として担任の先生、保健室の先生、スクールカウンセラーに相談してください。健康診断などで身体にあざが見つかった場合、教師や学校には「通告」の義務が課せられています。そこで対処方法が見つかるはずです。

児童相談所虐待対応ダイヤル「１８９」という電話番号もあります。すぐに児童相談所に通告・相談できる全国共通の番号です。匿名で行うことができて、電話をかけた人、その内容などについての秘密は守られます。

また、一時的に保護してくれる民間のシェルターやNPO団体なども増えています。探せばいろいろ助けてくれるところはあります。中高生なら、自分で児童相談所に駆けこむことだってできるでしょう。

DVや虐待が子どもの心と身体の成長に悪影響を与えることは、アメリカの例でもあったように統計的にも明らかになっています。日本でも厚生労働省によると、親から体罰を受けていた子どもは、そのような行為を受けていなかった子どもに比べて「落ち着いて話を聞けない」「約束を守れない」「一つのことに集中できない」「我慢ができない」「感情をうまく表せない」「集団で行動できない」といった傾向を持つ可能性が高くなり、体罰の回数が多いほどリスクが高まると報告されています。

子どもの頃から逃げる練習をしておかないと、悲劇の連鎖は止まりません。それを断ち切るためにも、虐待されていると感じたときは、逃げなさい！

13 AC（アダルトチルドレン）とは？

日本でアダルトチルドレンという言葉を目にするようになったのは、１９８９年頃からです。「どういう親に育てられるかで運命が決まってしまう子どものこと」と思っている人たちが増えてきているようです。

この「アダルトチルドレン」という言葉がこれほど間違った使い方をされていることに怒りを覚えます。

アダルトチルドレンという言葉は、もともとはアルコール依存症の親をもった子どもが大人になったことを「アダルトチルドレン・オブ・アルコホリックス」と言ったわけです。アルコール依存症の親を持つと、その親は飲んでいないときはいい親ですが、酒を飲みはじめると暴れたり殴ったり蹴ったりするわけです。そういった場面では子どもは虐待の被害者になるわけですし、酒を飲ませないように子どもが親の機嫌を取るようになります。親の顔色ばかり見て自分の言いたいことが言えなくなってしまうというゾーンをアダルトチルドレンと呼びます。

日本では言いたいことが言えない人は星の数ほどいるわけです。それは周囲の同調圧力がやたらに強いということと、外国みたいに「アサーティブ」（自己主張する）な人になりましょうとか、自分が言いたいことをどのように言うかという教育を受けていないという教訓ではないかと思います。

海外では虐待をする親とか、アルコール依存症の親についてアダルトチルドレンという言葉を使ったのに、日本では「勉強しなさい」と言っただけでアダルトチルドレンだと言って、精神科医のところにどっと患者が押し寄せました。しかし、勉強しろと言われただけでおかしくなる子どもはいません。

それより、同調圧力に自分が負けて言いたいことが言えないとか、「アサーティブネス」（相手にも配慮した自己主張。相手の意見を尊重しながら、対等に自分の言いたいことを表現すること）というのを身につけるために、このことを書いた本がうなるほど出ているわけですから、そういう本を読んで、中高生のときから自己主張をする練習をしておくことを勧めます。そちらのほうがよほど大事なことです。

ただし、本物のアダルトチルドレンがいるのも事実です。それに関して、斎藤学《さいとうさとる》博士がアダルトチルドレンという言葉を封印して、「トラウマ・サバイバー」という言葉に言い換えました。要するに、親が虐待するようなケースに限るというふうに変えたわけです。だから、親が虐待するような場合は、もう中高生なんだから早く逃げないと変な大人になってしまうよ、ということは知っておいてほしいと思います。

君たちに声を大にして言いたいのは、「今、我慢することはない」ということです。

第３章
友だちとのつき合い方

14　親友のつくり方

「親友をつくる」というのは大きな問題です。精神的な親離れの第一歩は、それまで親に言われてきた価値観や道徳の中で、どうしても守れないことができてきて、それを親に隠すようになるときです。

この場合、あまりにも何でも話せるフランクな関係の親子のほうが問題だと思いますし、かばんの中身をチェックするのと同様、秘密を持つ余地を与えない親子関係は子どもの成長に良くないと私は思っています。

親に話せない秘密を持ったとき、そのことを打ち明ける受け皿が親友です。ここで自分の本音なり秘密なりが話せないと、親離れもできないし親友もできないことになります。

昔からの友だちや幼なじみが親友になるかどうかは、君たちに親に言えない秘密を話すという勇気や決断力があるかどうかの問題です。親友をつくるには、まず自分が勇気を持つことが必要です。

最近は、この勇気を持てない人が増えているように思います。だから、いじめられていることを親や教師だけでなく友だちにも言えずに、最後には自殺してしまったりする事件が増えてきているのです。後から「そんなに悩んでたんだ」とか「そんなことがあったのか」と初めてわかったり、その人を友だちだと思っていた人が罪の意識を抱えたりすることも出てきます。

いじめであれ、仲間はずれであれ、誰かを好きになったことであれ、打ち明けられるか打ち明けられないか、つまり親友がいるかいないかで、心の中の悩みや負担は大きく変わってきます。恥ずかしがっているとよけいに苦しい思いをするのは、結局は君たち自身なのです。

逆に、相手から秘密を打ち明けてきて親友になれることもあります。この場合はどうしたらいいのかを考えてみましょう。相手から打ち明けてきたからといって、良いアドバイスをしなければならないと無理に相手に合わせたり、大人ぶったり、自分の本音と違うことを言うのはやめましょう。

また相手の秘密だけ一方的に聞いて、自分の秘密は話さないで優位に立とうなどと思うのも論外です。うそをついたり、相手に合わせたりしていると、自分に秘密ができたときに本当のことが言いにくくなってしまいます。特にうそを言ってバレたとき、親友関係は崩壊します。相手の勇気をわかってあげた上で、自分のほうも「実は私も……」というふうに本音で接することができれば、さらに親密になれるものです。

親友をつくるときに大事なのは、自分の勇気であり、相手の勇気をわかってあげる共感の力です。自分は勇気を持って告白し、相手には誠意で応えると、秘密を共有し合えることになります。こうして秘密を共有できたときに、初めて親友の絆が生まれるものなのです。

15　友だちや仲間の選び方

親の価値観から仲間の価値観へと移っていく時期に、どんな仲間を選ぶのかは非常に大事なポイントになります。

勉強グループや遊び人グループ、不良グループなどいろいろあって、グループによって仲間内の価値観は当然違っています。たとえばブランド品好きなグループに入れば、ブランド品を持つことが絶対の価値観となります。ブランド品を持つためには援助交際だってやらざるをえないことになるかもしれません。そのときにカッコよく思えたからというような理由だけで仲間を選んで後悔することは、結構多いのではないでしょうか。

もう一つ言っておきたいのは、どんなグループでもその中にルールがあるということです。不良のグループほどやめにくかったり、自由に見えても自由ではないことのほうが実際は多かったりします。一つのグループに入るときは、この「自由さ」というものをある程度考えておかなければなりません。価値観や道徳観は自分であれこれと試していきながら身につけていくものです。強制されたルールや厳しすぎるルールに従ったのでは、結局自分というものをつくれないことになります。ルールの厳しいグループから離れても、そこでまた規律や「おきて」の厳しいグループに入ったのでは、自分をつくる機会はやってきません。

そういう点では、いわゆるまじめグループのほうが自由です。勉強グループや異性との遊びが好きなグループに入ったとして、その中で勉強についていけなくなっても、「私の自由でしょ」と言えるでしょう。もちろん、グループからは出て行かなくてはならなくなるかもしれませんが、「出て行くことは許さない」と強制されることはないでしょうし、リンチにあうこともなく、むしろ「がんばって勉強しろよ」と励ましてくれたり、「妊娠したら相談してね」などとアドバイスをくれたり、君たちのためになることを言ってくれるのではないでしょうか。

一見不良に見えるグループは、カッコよく自由に思えても、ひょっとすると、内的な不安を抱えているために虚勢を張っているのかもしれません。そのために仲間内を「おきて」で縛るのであれば、そこにいると自分のルールも試せないし、精神的な成長も期待できません。

今、自分がいるグループが子どもっぽく見えたり、つまらないと思っている人もいるかもしれません。でも、そこにいるほうがより自分らしくいられるのなら、無理にそのグループから抜けることはありません。それでも新しいグループに入って新しい自分を見つけたいというのであれば、自由さが確保されていて、自分を高めてくれると思える仲間を選ぶことが自分自身のためになることを忘れないでいてほしいと思います。

16　不良から逃れる方法

不良から逃れるといっても、ここが意外に判断が難しいもので、見るからに不良だと思われるような不良はいないような気がします。逆に見た目はまじめだけど、隠れてタバコを吸う、校内暴力をする、無免許運転をする、ケンカをするとかしている子は、勉強ができても不良と呼ばれてしまいます。

不良には不良の価値観があり、たとえば勉強なんかするより女子にモテるほうがカッコいいとか、夜遊びをしているほうがカッコいいとかという思いがあるのでしょう。

社会現象になっている「トー横キッズ」と呼ばれている若者たちがそうです。家庭や学校で居場所を見つけられないなどの理由で、ＳＮＳへの投稿などを通じて都内外から集まってきて、その中で薬物摂取、飲酒喫煙などをする。彼らなりにそういうのがカッコいいという価値観があるのでしょう。こういった価値観を持った「いわゆる不良」と言われる人から距離を置くことには、二つの意味があると思っています。

一つは自分に危害をもたらす不良から逃げるということ。さすがに殴ったり蹴ったりするという暴力はないと思いますが、それでも実際にケガをさせられたり、カツアゲされて金品を巻き上げられたりということがあれば、これは犯罪ですから、きちんと親に相談して警察沙汰にすべきだと思います。訴えても少年法があるから罪にならないと思っている人が多いかもしれませんが、それはその少年が起訴されないだけで、取り調べはきちんと受けます。だからそのような不良にはきちんと警察で取り調べを受けさせて、君がやっていることはれっきとした犯罪なんだということを認識してもらうことで、反省して収まることも多いのです。

それともう一つは、あまりに不良がしつこい場合。警察に行ったとしてもそれで刑務所に入ることはまずないし、もどって来たときにお礼参りみたいなことをするやつが少なからずいることも事実です。その場合は、やはり親や弁護士に相談して、対応策を考えたほうがいいと思います。

不幸にして不登校の原因になるような不良と出会ってしまったときには、逃げるという経験も、警察に届けるという経験も、実は大人になったときの練習になるわけです。

日本では警察沙汰とか裁判沙汰にしたがらない変な文化になっていますが、法律がある以上は、それは国民の権利としてあるわけですから、警察沙汰にしたほうがいいし、訴える場所があるのだったら訴えたほうがいいと思います。

17　いじめにあったら

いじめ問題について、精神科医の立場から、どうしても言っておきたいことが二つあります。

一つは、いじめの範囲を超えた「犯罪」を「いじめ」と言ってはいけないということです。殴られてケガをすれば、明らかに「傷害」事件だし、脅して金品を巻き上げれば「恐喝」事件以外のなにものでもありません。

こういう「犯罪」に警察を介入させるのは、本来当たり前のことです。ここ数年、いじめが原因で子どもが自殺したとされる事件を見てみると、「犯罪」の被害者が多くなっています。

私が学生の頃は、こういう事件を「カツアゲ」とはっきり呼んでいました。今はそれが「いじめ」と呼ばれています。

昔も今も、万引きや自転車泥棒は警察の世話になるのに、なぜ一番タチの悪いカツアゲだけが警察を呼んではいけないのでしょうか。売春しても万引きしても、見つかれば必ず警察の世話になります。カツアゲだって犯罪なのに、それだけをあたかも子ども同士の問題であるかのような「いじめ」という言葉に言い換えられています。これは絶対におかしいことです。

暴力だって同じです。歯が折れた、肋骨が折れたとなれば、完全に傷害事件です。大人がやって警察に捕まることは、子どもがやっても罪になるということを、やるほうもやられるほうも覚えておくべきです。少年法が適用されて罪が軽くなるにしても、罪は罪であることに変わりはありません。

二つ目は、残念ながらいじめや差別は、事実上なくならないということです。いじめや差別をなくそうというのは長年の道徳の目標ですが、人間の心理からこのような気持ちを消すのは非常に困難で、君たちの年代では不可能に近いです。犯罪までいかない仲間はずれのようないじめは、人間が集団をつくるとほぼ必ず起こるもので、集団精神医学の世界ではこれを「スケープゴーティング」と呼んでいます。スケープゴーティングはあってはならないことではなく必ずと言ってよいほど起きるものなので、あったときにどう対処するかが大切です。そのとき初めて、周囲の人たちの心理が明らかになり、逆にいじめられる人のほうの問題点がわかってきます。そこに治療者が介入して、どうしてこれが起こったのかをみんなで考えていくうちに治療が進んでいくのです。

これと同じで、まずいじめがあること自体は当たり前だと考えることが出発点になります。すると、いじめが起きたときに、隠すことより解決することをスムーズに進められます。ここで、いじめる側、いじめられる側が、教師も含めてみんなで話し合い解決法を考えることで、いじめる側の不安やいじめられる側の言動の問題などが明らかになります。その後、お互いに精神的に成長できるようになるのです。

18 同調圧力とは?

「悪いこと」への誘われ方にもいろいろなパターンがあるでしょうが、だいたいは二つのパターンに分けられます。

まず、一対一の関係で、親友から悪いことに誘われた場合にどうしたらいいのかを考えてみましょう。

悪いことに特定の人を誘うのは、一人でやるのが怖いとか、心の中では自分のしようとしていることが悪いことだとわかっているからです。

こういう場合、自分がそんなことをしたくないと思うのであれば、正直に言うべきです。相手だって100パーセントの確信があってやりたいと思っているわけではないかもしれません。逆に、イヤだとか、やめようよって言ってほしいと内心思っている場合だってあります。いずれにせよ、一対一で誘ってくる場合は、君がイヤならはっきり言うべきだし、それで壊れる親友関係なら、親友ではなかったと思うべきです。

また、悪いことの秘密を共有すると、ケンカ別れしたときにバラされるのが心配の種になり、フランクにつき合いづらくなるし、後々の関係にまで悪い影響を与えてしまいます。

次に、知らず知らずのうちに、周りのみんなが変わっていて、自分だけがまじめで浮いてしまっていた場合に、数人から誘われたときはどうしたらいいでしょうか。「みんなもやってるから、おまえもやれよ」とか、やれとは言われないけれど、やらないと仲間はずれにされそうだというような状況のほうが、一対一で誘われるよりも何倍もつらい状況です。

多数派が発する無言の圧力、それが同調圧力です。それでも君自身がイヤだと思うのであれば、「自分は自分」という意志をしっかり持ちましょう。自分が取り残されたのではなく、みんなが変になってしまったのだと思えばいいのです。

一つのグループの中で、自分が自分でいられず自己主張ができないのなら、そこにいると自分の気持ちを殺すことにしかなりません。「みんなはそうかもしれないけど、自分はイヤだ」ということをグループから抜ける覚悟ではっきり言わないと、自分が次のステップに進めず、大人になっていけません。

思春期に秘密を持つのは大切なことですが、それは後々まで隠す必要がある「悪いこと」をすることではありません。

また、自分の意志で思い切ったことをするならともかく、仲間からの誘いを断りきれなくてというのでは、ほとんど自分の成長の役には立ちません。周りから浮くことを恐れずに、イヤなことを断る勇気を持つほうが、自分が大人になるために大事なことだということは知っておきましょう。

どうしても断る勇気が持てないのであれば、親や教師など、大人に相談してみるのが現実的ですし、大人の解決法も知ることができます。

第4章
学校とのつき合い方

19 学校へ行きたくない

教師が嫌いだとか、授業がつまらないということだけではなく、学校そのものに魅力を感じないということもあり、学校に行くことがつまらないと感じている人も多いでしょう。

学校は一部の予備校と違って、人気の教師に会いたいから行くという場所ではないので、どちらかと言えば、学校に行くと賢くなれる、友だちに会いに行く、仲間で遊べるといった感覚が学校に通う大きな動機になっているのではないでしょうか。

つまり、学校に行きたくないと思うのは、友だちとの人間関係がうまくいかなくて、しかも、授業もおもしろくないという場合だと思います。

たとえば、いじめグループがいるから学校に行くのがイヤなど、理由がはっきりしている場合は、気が重いでしょうが、親や教師に相談するなどしてそのことを解決するか、クラス替えなどの形で時間が解決してくれるのを待つしかないでしょう。

そうではなくて、人間関係であれ、雰囲気であれ、学校のことを考えるとすごく気が重くなる、学校に楽しさや生き生きしたものを感じられないというときはどうしたらいいのでしょうか。

小学校の頃は近所の幼なじみたちと同じ学校に行っていて、気心の知れている友だちといられる安心感があるので、学校へ行くことに抵抗は少なかったのでしょう。しかし、今はその安心感がないので、楽しみのない学校に行きたくない気持ちが勝ってしまう人が多いのかもしれません。

もし、本物の不登校になってしまったのなら、やはり精神科や心理カウンセラーのところへ行ったほうがいいと思いますが、我慢すれば行けるというのであれば、学校へは行ったほうが得だとは思います。

ちゃんと卒業した人を企業が採用するのは、いくら優秀な人間でも平気で休まれたのでは困るからで、きちんと学校へ通えるかどうかも、その人の能力の一つとして見られるからです。

いやいやでも学校に行っているうちに、つまらないことが当たり前に思えるようになるものです。

人間はもちろん、すべての動物は苦痛に「慣れ」が生じるようにうまくプログラムされているのです。

それに、我慢してでも通っていれば、何かおもしろいことが起こるかもしれません。突然、誰かに好きだと言われたり、いい教師に巡り合えたり、得意なスポーツを見つけられるかもしれません。逆に、閉じこもっていたのでは変化や進展は絶対に期待できません。とにかく、我慢して行ける間は行ったほうがいい。行ってさえいれば、状況が変わるかもしれないし、状況はどう変わるかわからないのですから。

20 授業がつまらない、わからない

つまらない授業をする教師は、実際に多いと思います。予備校で講義を受けて、講師や講義が学校の授業より100倍ぐらいおもしろかったという経験をした人もいるでしょう。なんでこんな教師の授業を受けているのかと思ってしまうのも、もっともなことです。

授業がつまらなかったり、わからなかったりする場合、自分の学力不足のためにわからないこともありますが、教師に問題があることも多々あります。自分が努力しているのに、やっぱりわからないというときには、教師のせいにしてもいいのです。そんな場合は、居眠りしようが、内職しようが、私は構わないと思っています。

でも、それが見つかったときに、「授業がつまらないから」と言うのは利

口な言い方ではありません。内職するのならば、必ず同じ教科にして、「授業についていけないので、ついていけるように勉強しているのです」と言う手があります。居眠りする場合でも、「授業がわからないので昨夜予習していて、それで眠くなってしまいました」と言えばいいわけです。

それで教師に、嫌味で内職しているとか、成績が悪いくせに寝ているとか言われるかもしれませんが、ここでは、自分がいかに授業についていけなくて、わからないかということを強調すべきです。そして、自分なりにいろいろ努力しているという部分をポーズでも見せましょう。少し利口な教師であれば、自分の教え方がまずいのかな、と気がついてくれるかもしれません。

教師側の言い分は、授業についてこられない、わからないというのは、勉強していないからだ、というものです。だから「わからない、できない」とはっきり言うことと、それに対して努力していることをアピールする必要があります。他の科目の内職をしていると、その言い訳が成り立たなくなりますので、ここでは、絶対に同じ教科の内職をすべきです。聞いていないからわからないのだと言う教師も必ずいます。そのときは、「聞いていても自分の学力では理解できないことが多いので、わかるように別の参考書を使って努力しているんです」と言ってみましょう。それぐらいの開き直りは戦略として必要だと思います。

教師のほうも、それなりのプライドを持って仕事をしているので、自分の授業をわからない、つまらないと言われて、うれしい人はまずいないです。平均点が悪ければ、プリントを作ったり、宿題を増やしたり、教え方を変えたり、その教師なりの対処をするはずです。

授業がつまらない、わからないという場合は、結局自分で家庭教師や予備校や参考書を探してわかるように努力するか、教師に教え方を変えてもらうか、どちらかのことをしないことには改善されません。少なくとも黙って我慢して聞いているだけでは状況は変わらないのです。

21　学校より予備校のほうが楽しい

最近、衛星予備校なども増えてきて、予備校が身近なものとなっています。学校より予備校のほうが数倍楽しいのに、学校に行かずに予備校だけ通うという選択肢がなかなか許されないことを不愉快に思ったり悩んだりする人も多いのではないでしょうか。

予備校のほうが楽しいと思っているならば、学校を嫌がるより、この状態を幸せだと思うことです。少々学校の勉強の手を抜いてでも、予備校の勉強を一生懸命やればいいのだから。というのは、楽しいと思えることのほうが頭に残るからなのです。

歴史が苦手な人でも、司馬遼太郎《しばりょうたろう》の本を読んだことで、やたらと戦国時代の歴史に詳しくなるということがあります。楽しいと思うことのほうが記憶に残るというのは、記憶にまつわる心理学でも昔から明らかにされています。

つまり、楽しいと思える授業をやってくれる講師が見つかっただけでもラッキーなのです。楽しいと思っているだけで、なかなか頭の中には残らないというなら、復習はちゃんとしたほうがいい。楽しい授業だったら復習も苦痛ではないはずです。

もう一つ、学校より予備校のほうが楽しい理由には、予備校のほうが仲間ができやすいということがあります。

お互い目的意識が一緒なので、情報を交換するとか、いわゆる「つるめる」要素が多いことが挙げられます。学校のほうが、実は表向きの顔を出さなくてはならない場所なのです。前からの友だちであれば別ですが、勉強をしていないふりをするなど、気を使わないといけないことだってあります。よそのグループと仲間になる確率も低い。その反対に、共通の話題があるぶん、向こうもこちらも声をかけやすい予備校のほうが、新しい友だちができる可能性がはるかに高いのです。

このことは、実はとても大事なことです。友だちを増やすためにいい性格にならなくてはいけないとか、好かれるようにならなくてはいけないと無理な努力をしなくても、ごく当たり前に、同じことで苦しんでいる、同じ目的を持っているという状況があれば、友だちはできてしまうものです。同じ目的を持った人間が一番友だちをつくりやすいのは、まずこの時期なのだから、これを利用しないのはもったいないと思います。

少なくとも学校より予備校のほうが楽しいということに、罪の意識を感じたり、自分はおかしいのではないかと思う必要はありません。学校生活よりも予備校生活を楽しむような人は受験マシーンだなどと言うマスコミや学者たちもいますが、これは現状を知らないだけのことで、おもしろくてわかりやすい授業をしてくれる講師や、共通の話題や価値観を持てる友だちがいるのならば、そちらのほうが楽しいのは当たり前のことなのです。

22 信頼できる先生とは?

信頼できる先生の定義を挙げるとすれば、何でも話せる、相談できるというのが一つでしょう。何を話してもちゃんと受け入れてくれる。もう一つは先生自身のメンツにこだわらないで、君たちのことを考えてくれる先生です。

一つの判断として、学校の宿題。「この宿題じゃなく、自分の受験勉強をやりたいです」とか、「塾の勉強のほうが成績が伸びるからそれをやりたいんです」と言ったときに怒る先生か、許容してくれる先生か、です。

要するに最終的に結果重視だといって、君たちのことを考えてくれる先生が信頼できる先生だと思います。数学ができて国語がものすごく苦手な生徒がいて、担任は国語の先生だったとすると、やはり国語をやらないとダメだという話になりがちですが、数学さえできれば大学は受かるからと言ってくれる先生だったら信頼できると言えます。

もちろん、勉強以外でも親身になって悩みごとの相談を聞いてくれるという先生は理想ですが。

一般の先生は、特に人格教育なんて習っていないわけです。そのためにわざわざ哲学書を読むとか、心理学の本を読むとかはしていないと思います。気持ちがあっても物理的に時間が確保できないこともあるでしょう。

物理や数学の先生にしてみたら、勉強以外の相談ごとを聞くのは負担に感じるのではないでしょうか。本来は自分の教科の学力を上げることに専念しているほうが子どもの成績向上については役に立つと考えているでしょう。できない子にはこういう宿題をやらせてやろうとか、できる子にはもうちょっと上の問題を出してやろうとかはできるはずで、学力を上げることに専念して対応してくれるべきだと思います。

本来は相談ごとに乗ってくれるにしても進路指導もありますし、精神的な悩みだったらスクールカウンセラーもいるわけですから、そういうことはプロに任せたらいいと思います。それを先生というのは何でもかんでもできないといけないようにしてしまっているから、先生のなり手が少なくなってきていると思うのです。

信頼できる先生とは君たちのことを考えて、君たちがどうやったら志望校に受かるかを考えてくれる人、そういう先生がいい先生だと私は思います。もちろん、話を聞いてくれる先生はいいのですが、話を聞くことが必ずしもプロではないのだから、「こういった問題は、スクールカウンセラーがいるから一緒に行こう」などと言ってくれる先生のほうが信頼できる先生だと私は思います。

23 セクハラ、パワハラへの対処法

子どもたちが成長する環境の裏側で、嫌がらせやいじめといったスクールハラスメントが問題になっています。

どこからがセクハラに当たるかというのは、なかなか難しい問題ですが、性的な嫌がらせをするセクハラ（セクシュアルハラスメント。相手を不快にさせる性的な言動）だけでなく、部活動などで一人だけを見せしめのために攻撃して周囲を萎縮させようとするのもパワハラ（パワーハラスメント。優位性を利用して相手に肉体的、精神的な苦痛を与える）の一種です。

今の時代はむしろ学校の先生のほうがつらいと思います。先生が生徒の頭をなでたらセクハラだとか言われてしまいます。何となくスキンシップのつもりで肩をたたいたらセクハラになる。自分たちが考えている以上にセクハ

ラの定義が厳しくなりすぎているようです。

パワハラにしても、基準がさらに厳しいはずです。今のパワハラの基準って何か？　体罰はもちろんのこと、「〇〇をしないと部をやめてもらう」とか、「ルールを破ったら練習量を増やす」とか、そういうことですらパワハラだと言われてしまう時代です。

ただ、自分がそうされてつらいと思っているときには過度な我慢をしないでいいと思います。明らかにパワハラの基準に当たるぐらい部活が厳しいのにもかかわらず、それが伝統だと言って強いられるとか、そういうことを訴えたら勝てるけれど、周りの人間から部の伝統を壊したとか、いろいろ言われる可能性は考えられます。でも、それがつらいなら、我慢しなくていいのです。

相手に文句を言いに行く勇気は噂になったり、相手がいることだから怖い思いをしたり、ひどい目にあうかもしれません。対応策としては学校を休むとか、やめるとかするなどが一番だと思います。

そういったことから逃げてはいけないという思い込みが自分を不幸にすることだと思います。そういうときは、その場所から逃げるという行為が一番だと私は思います。

逃げても自分が考えているほど波風は立たないものです。「ああ、あいつやめたんだ」くらいのものです。

一番避けなければいけないのは、追い詰められて悩んで自殺という形で解決してしまうことです。自殺という方法を選んだら一気にマスコミが注目するので、部の伝統はまったくつぶれるわけですが、自分を犠牲にすることになります。そんなことで解決にはなりません。

この本の中で一番言いたいことは、何度も言いますが、イヤなときはとにかく逃げなさいということです。

中高生のこの時期に「逃げる」ことを覚えておかないと、一生イヤなことから逃げられない人間になってしまいます。

周りの大人なり、環境なりがイヤだったら逃げるという、もうこれはメンタルヘルスの大原則です。つらければやめる、つらければ逃げる、つらければ学校を変える。

ここから逃げたら終わりなんて絶対思っちゃダメです。逃げたって別の道はあるのですから。

自分一人ではどうしようもなくなったときは、信頼できる大人やスクールカウンセラー、専門の相談窓口に電話して相談してもいいと思います。それでもダメなら、「やめる」というのが最高の選択肢だということは知っておいてほしいと思います。

24 厳しすぎる校則との向き合い方

厳しい校則を考えると、二つレベルがあって、世間一般から見たら厳しすぎる校則というのは、訴え出たら勝てるレベルの校則。この場合は教育委員会に訴え出ればいいという話です。

一般的には、頭髪をこうしろとか、服装をこうしろとか、何時以降は外出禁止とか、あるいはスマホは禁止とか。そういう校則というのは現実問題として守らなければいけないレベルのものです。

それは法律も同じで、たとえば時速30キロ制限の道を40キロで走っていれば捕まります。これは国が決めた法律なので厳しすぎると思っても守らなければいけません。

そのときに厳しすぎる法律、校則というものに関して、対応策は二つしかないと思います。

一つはその学校にいる以上、その校則も守らなければいけないということです。けれども、たとえば下着の色まで決められていた場合、チェックするのは女性の先生かどうか。そういうことが人権上問題の場合は、訴え出たら勝てることは割とあります。

ただ頭髪の色とか、スカートの長さとかいった細かい校則の場合、世間的に見て合法なことはあるわけです。その校則というのは、その学校とのある種の契約でもあるわけですから。

要するに義務教育の間は昔と違って、丸坊主にしろとか、制服着用とかは今でもあるかもしれないけれど、今は割と緩いはずです。なぜかというと義務教育というのは契約ではないからです。

私立の中学や高校の場合は、その学校の校風とか伝統とかに対して自分が入りたくて行くわけです。その学校が定めた校則も受け入れたから入るというわけです。つまり入る前に校則を調べておかないというのは、こちらの落ち度です。入る前の段階で校則をチェックして、これじゃ厳しすぎて無理だと思えば、校則の緩い学校を選んで行けばいいわけです。

校則については、昔は生徒がみんなで結束して学校に掛け合って校則を変えさせるなどということもありましたが、それは理想です。私の印象では、今の子たちってそんな気概があるような気がしませんから、「もうこれイヤだからみんなで団結して授業ボイコットをしようぜ」とか言う子は少ないと思います。

今の子どもたちは傷つきやすいので、そうやって呼びかけても誰も乗ってこないとなると、言い出した子は人間不信になりかねません。

校則について疑問に思うことがあれば、生徒会などが中心となって校則を変えていく活動も、子どもにとって役立つこともあるでしょうし、子ども同士で徒党を組むのが難しいときに、保護者も一緒になってバックアップしてくれることは可能性としてはありえると思います。

校則は学校との契約ですから、厳しすぎる校則にどうしても耐えられなかったら学校を変える、というのがもう一つの解決策だと思います。

つまり、君が選んで入った学校との契約なので、それがイヤなら別の学校と契約するしかないという気はします。

ただ、一般論からいうと、人気のある学校でないと厳しい校則は作れないものです。だから県で一番の進学校が意外に校則が厳しかったりするわけです。不人気な学校が厳しい校則であろうものなら誰も行きません。

一応、校則って明文化されているのです。だから私は校則よりも内申書のほうが良くないと思っています。なぜかというと、内申書は先生のイメージ次第だからです。

よくある反抗としてあるのは、たとえば、靴下の長さが足首から何センチと決められていた場合、ルーズソックスをはく、髪の色は決められているが、パーマをかける。校則は守っているけれど、反抗することができたのも、そこに書かれていないことは守らなくていいわけだから、ということをわかってやっていたのです。

ところが内申書になると、ルーズソックスとかパーマで悪い点をつけられてしまいます。

ルールの範囲内だったら何をしてもいいという点では、校則が厳しいほうが内申書よりずっといいと思っています。

内申書は、今は調査書ということが多いはずです。

第５章
勉強と受験勉強

25 勉強する意義

思春期や青春時代に勉強ばかりしていると、独創性がなくなるとか、性格が悪くなるとか、いわゆる「つまらない」人間になると言われます。はっきり言わせてもらうと、これらはあくまで仮説であって、統計的に証明されたことはありません。逆にここでは、勉強する意義を考えてみましょう。

高校生くらいの時期に勉強する意義はおおむね二つに分けられます。一つは単純に大学に入るため。もう一つは、日本の社会を生きていく上での知識を身につけたり、思考力を若いうちに訓練したりするためです。

大学に入るためなら受験科目だけ勉強すればいいという考え方も成り立ちます。この考え方は一見いびつなようですが、ある大学の法学部の入試科目が国語と英語だけだったとすれば、その大学の先生方は、学生に法律を学ばせ、卒業させて社会人として送り出すにあたって、高校レベルの数学ができなくても問題ないし、歴史事項を覚えていてもたいして意味はないと考えているとも言えます。逆に言えば、英語が読めないと外国の文献が読めないし、日本語の読解力がないと法律の勉強に差し支えると考えているということになります。

大学の入試科目だけの勉強をしていても、現実に社会に出て困ることは意外に少ないでしょうし、大学での勉強に差し支えるわけではありません。むしろ、他の大学を受けるときに選択肢をせばめることになるのが問題です。

数学ができないからといって、理系の科目ができないとは限りません。理解のしかた次第で、物理や化学が得意になることもあるでしょう。暗記が苦手だから社会科ができないとは限りません。これも、興味の持ち方次第で、歴史の知識だけは頭に残る人もいます。最初からやらないのでは、できるようになるチャンスをつぶすことになるし、大学も選びにくくなります。突然、理系に変わりたいといっても、勉強をしていないと大きく不利になってしまいます。だから入試科目でない科目も、特に1、2年生の間は、やっておくほうが得なのは確かです。

もう一つの意義は、知識の習得や思考の訓練として勉強をすることです。もちろん小学校くらいしか出ていないのに、エジソンや松下幸之助《まつしたこうのすけ》のように、独創性を持って、歴史的な偉人になった人もいます。こういう天才的な人は、自分で自分のカリキュラムが作れたのでしょう。

君たちが、自分の力で、自分に将来必要な知識をまかなえるだけのカリキュラムが作れるのならば、学校の言いなりに勉強する必要はありませんが、それでも、自分のカリキュラムに従った「勉強」はしないといけません。

学校のカリキュラムは、昔からの教育の積み重ねでできたものなので、ベストではありませんが、そこそこ妥当なものにはなっています。学校で学んだことが必ずしも社会で役立たないのはある意味事実ですが、逆に高校で学ぶ程度の知識があれば、社会で恥をかくことが少ないのも確かなことです。自分で自分のカリキュラムが作れないのなら、合格点をクリアしておいて損はありません。

もう一つ君たちに言っておきたいのは、今のレベルの記憶力なり、新しいことを身につける能力なりは、大人になってからでは期待できません。こういった能力は、20代を過ぎると徐々に低下していきます。後から知識をつけ直そうと思っても、想像以上に難しい。年を取ってから新たなことを学ぼうとしても、それまでの予備知識がなさすぎるためにチンプンカンプンということも珍しくありません。

認知心理学の考え方では、人間というのは知識がないと「考える」ことはできないとされています。独創性も小学校程度の知識しかないのでは発揮されないものです。この考え方では、知識を持っていること自体より、それをどう使うかのほうが大切とされています。

知識そのもののほかに、この時期に身につけておくと得なのは、ある締め切りまでに課題を合格点レベルでこなす能力です。期末試験までに江戸時代のことを覚えておかなければならないという課題があるとして、締め切りに遅れると赤点を取ることになります。そういうとき、自分の目標点を決めておくと、どのくらいは捨てていいし、どのくらいは覚えておこうということも設定できます。ヤマを張ることも、与えられた情報の中でどれが大切かを見極める訓練になります。場合によっては、覚えにくいことを覚えるために語呂合わせなどの工夫もするでしょう。こういうことはすべて、大人になってから、期限までに知的作業を仕上げなければいけない課題を与えられたときに使える能力です。

高校時代の勉強は、確かに大人になってから直接に役立つものではありませんが、考えるための材料になるし、ここで身につけた勉強の方法が後になって役に立つことを、人生の先輩として言わせてもらいます。

26 勉強と受験勉強の違い

受験勉強がうまくできる人、うまくできない人、その差は学力の差もさることながら、やることをはっきりさせる能力の差も大きいと思います。

受験勉強というのは、かなり明確な課題があるものです。まず締め切りがある。入試本番までに予定の受験勉強が終わらないといけません。親や学校や予備校に言われるままに勉強して成績を上げ、その成績で入れる学校に行くというのでは、課題が明らかでなく、いかにも非効率です。

受験勉強のほうが中高のふだんの勉強と比べて課題にしやすいのは、目的がはっきりしているからだと言いましたが、いま一つピンとこない人もいるかもしれません。

というのは、中高の定期試験のほうが、やる範囲も明確だし、ただ覚えていくだけでいいことが多いので、やることがはっきりしているという考えもあるからです。それと比べて受験勉強はやる範囲も広いし、どの本を使って勉強をすればいいのかすらわからないという子も多いでしょう。

大事なことは、目標を何にするかということです。

自分が行きたいのは、ある特定の大学の法学部で、その偏差値が70だったとします。だからと言って、模試の自分の偏差値を70に上げれば受かるというものではありません。

模試と実際の入試では、問題の難しさも出題傾向も、あるいは科目や配点も違うからです。その大学の法学部では、英語が60点満点、国語が50点満点、社会は40点満点だとすると、模試で偏差値が同じ70でも、英語が高得点の人のほうが、社会が高得点で偏差値が70になっている人より受かりやすくなります。同じ大学でも、社会や国語は政治経済学部より易しく、英語はむしろ難しめの問題が出ます。つまり、英語が得意な人に有利な出題がなされているのです。要するに、その大学の法学部に行きたいのなら、この3科目で、平年の合格者の最低点、つまり150点満点で100点が取れるようになることを目標にすればいいのです。

また、受験勉強でもう一つ大切なポイントは、ストックを増やすということです。

高校の定期試験なら、試験までの2週間の間だけ覚えておけばいいのですが、入試の場合は、その日まで忘れるわけにはいきません。勉強をどれだけやったかではなくて、入試の日までにどれだけ残せたかが勝負になってくるのです。つまり復習が重要な意味を持つということです。

何を勉強するかをはっきりさせる、受験勉強を課題としてはっきり設定することができれば、やるべき勉強もおのずと見えてきます。

こうすることで、精神的にもずっと安定していられますし、勉強の結果もより実りあるものになるはずです。

27 受験勉強と友情・恋愛

統計的な根拠のある話ではないのですが、私は、受験勉強を一生懸命するほうが「性格」が良くなるとさえ思っています。

君たちが誤解しているなら即刻改めてほしいのですが、受験勉強というのは一人でやっていても成功できるものではありません。

私が灘高生の頃、受験仲間が自分を支えてくれていました。勉強がイヤになって、めげそうになっても、「もったいないから、ちゃんと勉強せえや」と言って励ましてくれたのはそういう仲間でした。

新しい参考書や問題集、あるいは予備校の講義など、受験にまつわる情報もこういう友だちから入ってきました。

当時、いかがわしい小説が「灘高生は同級生が自殺するとライバルが減るから喜ぶ」と書いていたことがありましたが、同級生が一人減ったくらいで東大に入りやすくなると考えるほど、われわれはバカではありませんでした し、むしろ東大合格者数で日本一を争っていたこともあって、自分たちの学校から脱落者を出したくないくらいの気持ちでした。

私の書いた勉強法の本を読んで勉強し、東大に受かったという学生の話を聞くと、私が「受験仲間を探せ」と書いたこともあってか、必ずと言っていいほど、私の勉強法を友だちにも勧めて、一緒に勉強をしたといいます。

受験勉強は、苦しいときに支えてくれる友だちなしに、あるいは友だちからのいろいろな情報なしに、一人で勝ち抜くことはかなり困難です。でも、そういう友だちがいれば、苦しいときは甘えられるし、自分がいい情報を得れば教えたくもなります。自分の情けない姿やわがままな姿をお互いに見せながら、それを知った上で友だちでいられる機会などそうあるものではありません。

受験勉強はそういう意味で親友をつくるチャンスでもあります。実際、予備校時代の友だちは一生の友だちになることが多いと言われます。

また、名門と言われる高校ほど、同窓会の結びつきが強いのですが、これはエリート意識のためでなく、「同じ釜の飯を食った仲間」という意識のためだと私は考えています。

現実問題として、万引きに誘う仲間と、「勉強をしろ」と言ってくれる友だちのどちらが君のことを本気で考えてくれているかは常識で考えれば一目瞭然です。

クラスで何番までではないと高校に受からない内申書と比べて、大学受験は、人が何点取ろうと君自身の点数で合否が決まるシステムです（これが、私が内申書システムに反対する最大の理由です）。

受験勉強を通じて「お互いを高め合う」経験をして、本当の親友を見つけてほしいと思います。

28　学歴は役に立つか

キャリアと呼ばれる東大卒の官僚の汚職や、生成ＡＩの登場によるビジネス環境や社会構造の大変革などのために、これまでの学歴はもはや通用しないと言われてきています。

しかし、もともと世の中そんなに甘くはないのです。私の知り合いや同期の東大卒業生も、みんながうまく出世できているわけではありません。私くらいの年になると、出世が早い人と遅い人の差はかなりついてきます。

勉強して知識を身につけることが目的ではなくて、知識というのはあくまでも考えるための道具だというのと同様に、学歴はそれを得ることが目的ではなくて、世の中をうまく渡っていくための道具だと考えるといいでしょう。

確かにこれからは、たとえば東大卒というだけで、ところてん式に出世するというわけにはいかないでしょうが、知識があっても邪魔にならないように、学歴もあって邪魔になるものではありません。

私の読みでは、マスコミの主張とは逆に、これからの時代は意外に有名大学を出た人間が出世するのではないかと考えています。

一つは、世の中に「みんなと同じでいい」シゾフレ人間（自分がないと考える人）が増えている中で、入試の競争が厳しい名門大学には「人に勝ちたい」メランコ人間（心の中の主役は「自分」にあると考える人）がどうしても集まることになります。こういうタイプの人は会社に入ってからも競争を勝ち抜くためにがんばるでしょうから、結果的に出世するというわけです。

以前なら、一流大学を出た人も二流大学を出た人も、どちらもメランコ人間だったから、二流大学を出た人が見返してやろうとがんばって逆転することも多かったのですが、今後は、おそらくそういうことが少なくなると私は予測しています。

もう一つは、受験の勝者は情報処理能力にたけているので、変化の大きい時代にむしろ対応しやすい可能性があるということです。受験勉強で身につけた知識そのものは役に立たなくても、勉強法や情報処理術は、こんな時代だからこそよけいに役立つのです。

これまでの学歴社会を支えていた大きなメリットは人脈です。東大を出ていると、官僚の知り合いが多いという理由で就職も出世もしやすい時代でした。これからも名門大学を出ている人のほうが社会で成功する可能性があるのなら、知り合いにいろいろな会社の重役が多いという理由で、やはり名門大学の卒業生は優遇されるでしょう。逆に、せっかくいい大学を出ていても、友だちが少なければ価値が半減してしまいます。

いずれにせよ、これからの時代も学歴は持っていて損はありません。ただし、それを得ることを目的にするのでなく、それをうまく使う方法を考えてほしいと思っています。

29 勉強しかできない人は魅力がない!?

よくある悩みに、「自分は勉強しかできない」ということがあります。

私自身、スポーツも苦手、音楽も苦手、友だちも少ない「勉強しかできない」子どもでした。小学生の頃は、ずいぶんそのことで陰口を言われていたようですし、実際いじめられたこともありました。私より親のほうがそれを心配して、スポーツ教室やいろいろ勉強以外のけいこごとにも通わされました。でも、期待に反していっこうに他のことができるようにはなりませんでした。

君たちの中にも、自分は勉強しかできないいびつな人間だと悩んでいる人がいるかもしれませんが、実はそれは大変ぜいたくな悩みなのだと言えます。

私がそれに気づいたのは、中学の2年か3年のときでした。灘中学に入ると、周りも勉強のできるやつばかりで、勉強ができることが取り柄にはなりませんでした。スポーツができないのは相変わらずだし、勉強もしないうちにどんどん成績が落ちてきて、あれよあれよと言う間に劣等生の仲間入り。結局、勉強しかできない子から、何にもできない子に転落したわけです。

世の中には、このような何の取り柄もない子がたくさんいます。勉強しかできないと悩むことは、そういう人から見ると失礼だし、ぜいたくな悩みと言えます。

また、スポーツしかできない人や音楽しかできない人と比べて、勉強しかできない人のほうが、自分の能力に悩むことが多いのですが、世の中に出たときには、勉強しかできない人のほうが役に立つことが多いことに気づきます。

私は、中学生の頃に「何の取り柄もない子」の経験をしたために、大学受験のときは、勉強だけでもできるのならマシだと考えて、ひたすら勉強しました。今でもスポーツも音楽もできませんが、精神分析の勉強など勉強が趣味になっています。

世の中に出ると、何でもそこそこできる人より、何か一つ取り柄のある人のほうが必要とされることが多くあります。苦手なことを努力しても得意になることは少ないですが、得意なことはやればやるほどできるようになる確率が高いものです。今できないと思っていることを気にするより、取り柄だと思うことを一生懸命にやったほうがはるかに効率がいいのです。勉強だけが取り柄でも、それにどんどん磨きをかければ、人が寄ってきますし、それが魅力となって、人づき合いも増えていきます。

勉強しかできないことを嘆くより、それを誇りに思って、人から見てすごいと思えるほど磨きをかけるほうが、将来の君にとってはるかに大きな財産になります。

30 記憶力や集中力を高める方法

勉強に追われている人にありがちなことですが、復習しない人が多すぎると思います。予習とか学校から出された課題や受験勉強は一生懸命やる割には、復習をおろそかにしているように見えます。私に言わせれば、復習しないで覚えられることはまずありえません。いくら子ども時代は記憶力がいいからといっても、復習を軽視するのはすごく甘い考え方だと思います。

記憶力を上げましょうと言われたときに、何か特別な方法とか、特別な食べ物とかをイメージしますが、最初に考えてほしいのは、自分は復習が足りているかどうかをチェックすることです。

私は受験勉強に耐えられないほど「頭の悪い」人間はまずいないと考えています。しかし、こと記憶力に関しては個人差があるのは否めません。というのは、私自身、あまり記憶力のいいほうではなくて、今でも仕事で会った人などの名前を覚えるのに四苦八苦しているくらいだからです。

ただ、記憶を長く残しておくための科学的な方法もあります。記憶には短期記憶と長期記憶というものがあって、勉強したことを数分忘れない記憶と入試まで覚えておく記憶は種類が違うのです。受験で大切なのは長期記憶なのは言うまでもありません。

長期記憶を確実に良くする方法は、実際は三つしか証明されていません。

一つは、反復することです。何度も忘れないように復習すれば記憶が定着するのは当然のことですが、一度やった単語帳を二度と見ないとか、一度やった問題集は二度と復習しないとか、意外に反復という当たり前の作業がないがしろにされることが多いようです。何冊も問題集をやるより、1冊を徹底的にやったほうが身につくことは多いのです。

もう一つは、意味のあること、理解できたことは記憶に残るというものです。カラオケで新しい曲を覚えるにしても、日本語の曲はよく覚えられるけれど、英語の曲は覚えにくかったりするでしょう。英語の曲を覚える際には歌詞の意味がわかるかどうかで記憶の残り方が違います。

だから、受験勉強では理解が大切。無理して理解できない問題集をやっても、ろくに頭に残らないのはそのためです。理解に努めることが記憶力のアップにつながるのです。

復習はアウトプット型の復習法が効果的です。だから小テストをやってみるとか、巻末問題をやるとか、あるいは歴史の事柄を覚えたら、思い出しながら歴史の講義を自分なりにしてみるとか、読んだ内容を人に話すとか、そういう形の復習が頭に残ります。

そしてもう一つ、科学的実験で確かめられているのは、覚えるものは寝る前にやるということです。寝ることによって記憶が脳に書き込まれると言われています。数学のように考える問題は頭が疲れていない朝にやるのが原則です。朝覚えたことと夜覚えたことだと、翌日覚えている量が倍ぐらい違うらしいのです。

通常、ほとんどの受験生は自己流の勉強をしています。自己流ですからプロが長年の経験から言っていることと全然違うわけです。私は成績が悪い子の9割ぐらいは勉強法が悪いのだと思っています。

集中力というものには期待しないほうがいいと思います。火事場の馬鹿力なんて、そうそう出せるものではありませんから。

集中力を高めることはなかなかできませんが、集中力を落とさないことはできます。ながら勉強はしない、寝不足にはしない、ストレスをためない、集中力を落とさないためのコンディションを知っておくことです。

たとえば、サッカーの中継を気にしつつ勉強していても試合が気になって集中できないでしょう。だったらその時間はサッカーを観て、その後きちんと勉強したほうが効率的です。

31 気分転換と休憩

まずは「時間というものはつくることができない」という当たり前のことを言っておきます。1日が24時間であることを変えることはできません。

睡眠時間を削ればいいと言う人もいるかもしれません。でも必要な睡眠時間には個人差がある上に、無理をすると苦痛も伴います。楽しいことをするために睡眠時間を削るのはそれほど苦になりませんが、勉強のために睡眠時間を削るなんて、なかなかできるものではありません。

寝ることだけが休みになるわけでもなく、気晴らしの時間のほうが休みになることだってあります。

では、どうすれば時間ができるのか。方法は二つあると考えています。

一つは、自分にとっての「ムダな時間を減らす」こと。

大学合格のために費やす時間が必要ならば、それに関係のない時間を減らせばいいのです。そのためには、本当にやるべきことだけに目標を絞ることです。

志望校に入りたい、でもクラブ活動をどうしてもやめたくない、彼女とデートもしたい。その上、テレビも見たいし、好きなゲームもやりたいと言うのではいくら何でも厚かましすぎるでしょう。

勉強とスポーツを両立させたいなら、その代わりにテレビを見る時間、ゲームをする時間、彼女と会う時間を諦める必要があります。

ある程度の娯楽は気分転換にもなりますが、かといって、どれにもこれにも十分な時間を取るのは、とうてい無理な話です。

これらすべてを諦めて勉強だけに専念しましょう、とまでは言いませんが、せめてテレビを見る、ゲームを楽しむといった時間は1日1、2時間程度に収めるという強い気持ちを持つことも大事なことです。

「遊び」があることで残りの2、3時間の密度がアップするなら、それはムダな時間ではなく投資の時間ということです。そういうことを探すのも、受験勉強の一つの大事な手段なのだろうという気がします。

二つ目の方法は、「時間の密度を上げる」こと。

1時間で5ページ勉強するのと10ページ勉強するのとでは、時間の密度が倍も違います。勉強をやっていないように見えて「できる」人は、時間を多く使っていないだけで、人の何倍ものスピードで十分な勉強量をこなしているはずなのです。

けれど、ずっと勉強ばかりやっていたらダレてきます。疲れてくるし、集中力も落ちてくるというのは当たり前。休みなしに勉強するというのは物理的に言っても無理な話です。

そこで私が提案したいのは、気晴らしに、本当に楽しめるものを1日1時間くらいやってみることです。

人によってそれはスポーツだったり、音楽だったり、ゲームだったり、それぞれ違うと思いますが、それをやるとスカッとするとか、それをやった後の勉強が進むのだったら、やったほうがいいのです。

どうしても自分にとって捨てられないことや、捨てられない時間を二つか三つに絞り、それ以外は削るという選択をするのも、今の君たちにとって大事なことだと思います。

第６章
健康的な生活

32　十分な睡眠と適度な運動

ベストな睡眠時間には個人差があります。5時間の睡眠がベストだという人もいれば、8時間でないとダメだという人もいます。自分のベストの睡眠時間は知っておく必要があります。

昼を過ぎて眠くなる人が30分昼寝するだけで、スカッとすることがあります。学生だと学校にいる時間なのでこうした時間は取れませんが、ちょっと長い休み時間に少し休むみたいなことも含め、自分の睡眠コントロールはしたほうがいいのです。

自分でコントロールできれば、それに従って朝型・夜型の行動をすればいいわけです。私は効率がいいのは朝型のほうだと思っています。午前5時ぐらいに起きて勉強してから学校に行く。通学前の疲れていない時間帯に勉強するのです。無理に朝型にすることはありませんが、試しにやってみてください。合わないようなら無理に朝型にすることはありません。ただ、自分のリズムを知っておくことは大事です。

睡眠について一番言いたいのは、時間が足りないからといって、睡眠時間を削るのは得策ではないということです。それによって、能率が落ちることのほうが多いからです。その上、寝る時間を削ればいいと思ってしまうと、効率よく勉強を終わらせる方法を見つけようとしないことにつながります。原則として早起きできる時間に寝たほうがいいということなのです。そして、肉体的な疲れも精神的な疲れも両方取るために、できれば1回にまとめて寝ることを勧めます。

人間の睡眠パターンは、一晩のうちに1時間半くらいの単位のものを4回から5回くり返すとされています。だから、かつては1時間半くらいの昼寝がいいと考えられていたこともありました。ですが、最近の睡眠研究によると、20分か30分の昼寝で十分リフレッシュできると言われています。睡眠には主に体を休める浅い眠りと、体も脳も休める深い眠りがあるのですが、最初の30分くらいの浅い眠りだけで眠気は解消できるとわかってきました。高校生ぐらいの年代で疲れているというときは、体が疲れていることが多いので、家に帰ったときに疲れていたら、30分ぐらい昼寝をすればいいのです。

昼寝をした後は、ダラダラ過ごさずに勉強に時間を使いましょう。午後5時に帰ってきて30分寝たとしても、7時まで1時間半は勉強できます。一般的に人間は食後眠くなるように体ができています。だから夕食の前までの時間を勉強に充てるほうが能率もいいはずです。

栄養の面で成長期に必要なのは、タンパク質とカルシウムと適度な脂肪と、そしてもう一つ、脳のためのブドウ糖です。

朝ごはんを抜いてはいけないとよく言われます。もちろんこれは親の愛情を意味していることもあるのでしょうが、1日に摂る食品の品目が多い人ほど成績がいいこともわかっているのです。

たとえば塩だとかマグネシウムとか、いろいろな微量元素が足りているかどうかで、脳の働きが違うのだろうと思われます。ですから、いろいろな種類のものを、しっかり食べることが大事です。成長期に極端なダイエットなどをすると、将来的にろくなことはありません。

ストレスを解消するための運動について、私が普通に通学している人を見ている限りでは、学校に通うために歩き、電車に乗り、体育の時間もあるので、運動不足になる人はいないと思います。

運動については、今この時期に選手であるとか、スポーツ万能と言われている人であっても、その筋肉が将来どうなっているかが問題なのだと思います。本当に大事なのは、60歳を超えてもなお、しっかりと歩けるかどうかです。毎日30分の歩行をしているといったような運動も含めて、それを一生続けることこそが重要だと思います。

33　ストレス解消法

大人になって人生経験も豊富になれば、ある程度はストレス回避の方法を見つけて対応しますが、まだ中高生の君たちには、友だちや仲間のこと、学校のこと、異性のこと、勉強のことなど、思春期であるがゆえの悩みがあり、精神的に疲れる要素がたくさんあることでしょう。

よけいなストレスをためないためには、毎日の生活の中に、適当な休みを取ることが必要です。それでもストレスや精神的な疲れを感じたときには、体を休めるよりも、体を動かしたり、自分が楽しいと思えることを思いきりやればいいのです。

ストレスがたまってきたなと思ったとき、一番手っ取り早い解消法は自分が本当に楽しめることをすることです。ゲームだろうと、スポーツだろうと、おいしいものを食べたり、カラオケに行ったり、どんなことでもいいのです。とにかく何かに夢中で没頭していれば、気づかないうちに精神的な疲れは取れていたりするものです。

ただ、本当に楽しめることはそうそうあるものではありません。なのでストレスが吹き飛ぶ遊びや方法を見つけたら、自分が何をしたときにリフレッシュできたかを覚えておきましょう。いろいろ試してみて、中高生時代に興味があるものに出会えることは幸せなことだと思います。

また、ストレスを解消する別の方法に、友だちとしゃべるということもあります。話す内容は、別に悩みごとやストレスなどではなくて、ごくくだらないことでもいいのです。打ち解けて相手と話をすると、知らないうちに精神的に楽になります。

散歩のように無目的にぶらぶらするのも、歩くこと自体が脳の働きを活発にするし、よけいな考えごとをしないのなら、リフレッシュにも使えます。

ふだん歩いている道でも何かしら新たな発見があります。よけいなストレスをためないよう毎日の生活の中で、適当な休みを取ることが必要です。

また、エロ動画を見るとか、エロ本を買うとか性的なことに興味を持つのも悪いことだとは思いません。ただ、インターネットの時代で、歯止めがきかなくなってのめり込んでしまうようならちょっとまずいので、制限時間を決めておきたいものです。最初は興味津々かもしれないですが、毎日見ていたらそこから抜け出せなくなるかもしれません。

エロ動画レベルならいいのですが、中高生で性欲を満たすためのセックスをするのはいろいろな点で危険です。

ルックスがいいとか、スポーツができるとかでモテモテの男子が、女子を誘ったら断られないというような場合だと、結局、性欲を満たすためのセックスになってしまいます。そういう場合、往々にして一人の相手では足りなくなってきて他の女子にいったりするわけです。また、時間の区切りも難しくなります。そうなると結果的に相手の女子を傷つけることになるし、性病や妊娠のリスクもあります。

それは女子だって同じです。たまたまセックスしたら気持ちよかったということで、ストレス解消にセックスをすることだってあるでしょう。

この年代にセックスを経験してしまうと、本当に好きな人ができたときにエッチが大事にできなくなるといったリスクがあります。

その相手と本当に恋愛関係でちゃんと長い間つき合う気持ちがあるのならいいですが、そうでないのであれば、セックスをストレス解消の手段にしてはいけない、少なくとも中高生の間はやめておいたほうがいいと思います。

これこそまさに個人差がありますが、どんなことにせよ、いろいろ試してみて中高生時代に興味があるものに出会えることはいいことだと思います。

34 心身の健康、体調管理

心のリフレッシュと体のリラックスの両方が必要になってくる大人に対して、中高生ぐらいであれば、とても疲れていても、体のほうは少し休めばすぐに回復します。本格的なリラックスが必要なことは意外と少ないので、精神的なリフレッシュがそのままリラックスを意味すると考えていいでしょう。自分が疲れたと感じているときは、体よりも心の回復を図ったほうがいいでしょう。

気分がすっきりしている、歩いても全然疲れない、笑顔でいられる、ものをおいしく食べられる。そう感じられること自体が健康なのであって、健康か健康でないかという判断は自分で決めていいと思います。

体調がいい、気分がいい、ゲームをやっていて楽しいなどという主観的な感覚は、それはそれで大事にすべきだと思います。

その人といると気分がいいとか、落ち着くとかということもあると思います。反対に「みんなと仲良くしなさい」と言われても、イヤな人はイヤなわけで、一緒にいたくないと思う気持ちも尊重していいと思います。

つまり、世の中で正しいと言われていることとか、間違っていると言われていることは、本当はわからないですが、日本語一つとってみても、勝手な文法を使って勝手な単語を使ったら、自分の言葉が通じなくなるわけです。だから国語を勉強するわけです。

数学だって正確な意味で1足す1が2になるかどうかはわからないけれども、普通に考えたら、1と1を持ってきたら2になるわけです。おまんじゅう1個に1個足したら2個になるということでしょう。こういう学校で教わるようなことを信じなさいと言う気はありませんが、知っておくと便利というわけです。

一方で、幸せは自分の感覚を信じてよいものです。

最近は、ちょっと歩くだけでしんどいとか、体が重くて疲れが抜けない状態が続くという若い人が増加していると言われています。

疲れが抜けない、体がだるい原因には、睡眠不足、食生活の乱れ、運動不足、過度なストレスなどが考えられますが、そうしたときに、健康のために○○○を摂りなさいとか、食べたいものを我慢しなさいとか言われても、そのことが不快になってしまうと、いわゆる「健康」とかけ離れてしまいます。

だからと言って、おいしければいいとフライドチキンやハンバーガーなど、ジャンクフードばかり食べるのもお勧めしませんが、一般論から言えば、その場その場の幸せをある程度優先させてもいいと思います。

大人になる過程で、我慢してルールを守らなければいけないこととか、我慢して勉強しなければいけないことはあるわけです。だったらそれ以外の制約はなるべく減らしましょう。

35 効率的な休日の過ごし方

学校が休みでも、予備校や模擬試験などで土日も休みがないという人も多いと思いますが、やはり週に1日は休みを取ったほうがいいというのが私の持論です。

では、その休みの日をどう使うか。受験にも役立つ休みの日の過ごし方を具体的に考えてみましょう。

まず言っておきたいのは、土曜日は勉強に充てたほうがいいということです。なぜかというと、明日は日曜日だから、今日は遊んで、勉強は明日やろうと考えると、気が緩んでついつい友だちと遅くまで遊んだり、だらだらとゲームを続けてしまったりする可能性が出てきます。

すると、その疲れが翌日に残って、日曜日に何もできなくなります。遊びは疲れが残らなくても、徹夜の疲れは残るものです。週休2日の場合でも原則的には同じことです。土曜日が休みなので金曜日に遊んで、土日に勉強と考えても、金曜日に夜更かしをすると、少なくとも土曜日の能率は大幅に落ちます。

土曜日に勉強すると決めれば、その日のうちに勉強の予定が終わらなくても、日曜日の午前中にフォローすることができ、仮に徹夜に近いことになっても、日曜日は夕方まででも寝ていられるわけです。

私がよく提案しているのは、土曜日を「借金の返済日」、つまり勉強の予備日に充てるということです。1週間でこのぐらい勉強しようと予定を立てた場合でも、たいてい予定通りにいくものではないのは、君たちも経験から覚えがあるでしょう。だから、1週間の予定を少々無理してでも土曜日に終わらせれば、1週間をトータルで見たときの勉強はうまくいったことになります。土曜日中に借金を返せれば、日曜日は趣味の時間に充てる。運良く、土曜日の早いうちに借金を返せたのならば、少しぐらい夜遊びしてハメを外したっていいし、夜更かししてゲームをしたっていい。そして日曜日は、たまに模擬試験を受けに行くか、午前中を1週間の復習にでも充てて、後は休んで遊んでもいいでしょう。

ただ、土曜日に無理に徹夜して、日曜日に丸一日寝ていたりすると、月曜日から生活リズムをもとにもどすのがつらくなります。土曜日にたくさん勉強が残った場合は、そこそこで切り上げて日曜日の午前中に仕上げ、午後からは遊びに使うというスタイルが理想的です。勉強を先に済ませて、楽しみを後にするほうが、やる気も出て、効率のいい勉強法と言えます。

予定が狂う人というのは、どこかで帳尻を合わせないから狂いっぱなしになるわけで、土曜日をうまく使い、週単位のスケジュールを上手に組めれば、受験勉強を1年間続けたとしても、計画がそう狂うことはないでしょう。

36 セックスと避妊

中高生でセックスをすることをどう考えるかは、人それぞれだと思いますが、時代が変わっても初体験が大切な儀式であることに変わりはないと思います。

最初に伝えておきたいのは、セックスは悪いことでもないし、不潔なことでもないということです。それと同時に、「妊娠」と「性感染症」というリスクが伴うものだということも心に留めておいてほしいと思います。

その大きな問題の一つとして考えてほしいのは、相手を妊娠させてしまったときのことです。相手が子どもを産むという選択を取ったときは、一生責任を持たないといけないという局面に立たされますし、中絶という選択をしたら、それは命あるものを殺すことになるのだということです。

特に女子の場合は中絶することにより、成長期の身体に負担がかかりますし、精神的にもトラウマになります。心身に一生の傷をつけるものだという自覚を持ってほしいと思います。それらのリスクを背負うのは多くは女性側ですから自分自身で身を守る必要があるということです。

いろいろな知識がないままセックスをして、その結果、望まない妊娠をしてしまう場合もあります。そのことを親には一番言えないでしょうし、保健の先生に相談したとしても、いわゆる中絶してくれるクリニックを紹介してくれるか、心の傷をフォローしてくれるくらいでしょう。

もう一つ、感染症の心配もあります。自分が考えている以上にセックスというのは怖いものだという覚悟が必要です。

性を学ぶことは、自分を大事にすること、そして相手を尊重することにつながり、性暴力を防ぎ、自分や相手の体と心を守るすべになります。

身を守る以外にも、生きていく上で絶対に必要な知識ですから避妊や中絶についても正しい知識を身につけておくのは大事なことです。

避妊法に関して言えば、コンドーム、ピルなどが挙げられます。膣外射精やオギノ式などを一般に避妊法と考えている人もいますが、避妊率はとても低く、実際に使えるレベルではありません。少しでもリスクを減らしたければ、きちんとコンドームやピルの正しい知識を知っておくべきです。

セックスをする前にほんのわずかでも「まだ早いかな」とか「本当にしていいのかな」とか、ネガティブな気持ちや後ろめたい気持ちがあるのだとしたら、セックスをするよりも先に、その気持ちを正直に彼に伝えることのほうが大事です。

そして、自分の気持ちを大事にして、どうやったら自分の体や心をきちんと守れるのかを学んでほしいと思います。

大人になっても言えることですが、中高生の時期にこそプラトニック・ラブなるものを経験したほうがいいと私は思っています。

37 ドラッグなどの誘惑に打ち勝つには

合法、非合法を問わず、人間の精神に影響を与える薬物はたくさんあります。薬物の種類によって効果はさまざまですが、これらの薬物を使用すると、精神的・肉体的に「もう一度使用したい」と思うようになります。こうして薬物の使用を続けていくと、自分一人の力では、薬物の使用をやめられなくなってしまうのです。これが「薬物依存」です。

依存を起こす薬物には、日本では合法となっているニコチンやアルコールも含まれています。

大麻などに代表される薬物は、昔は一部の人たちだけが使うもので、中高生にはほとんど縁のないものでしたが、最近では中高生が使用したり、さらには売人になっているケースがあり、社会的問題にもなってきています。

「好奇心」「冒険心」「なげやりな気持ち」などが薬物乱用のきっかけになることが多いようです。

最近、中高生にまで薬物依存が広がっているのはなぜなのでしょうか。

一つの理由として考えられるのは、昔に比べて薬物が簡単に手に入るということ。試しにインターネットで検索してみると、「シャブシャブクラブ。スピード配達します」なんていう情報が簡単に見つかります。

そしてもう一つは、クスリがファッションになっていることです。さらに、「ダイエットや眠気覚ましに効果がある」「一度だけなら大丈夫」といった間違った気持ちや、遊び感覚で薬物に手を出してしまうこともあり、だんだんと薬物との関わりが深くなり、気づいたときには抜け出すことが難しい状態に陥ってしまっているのです。

そういう環境になった場合、一つだけ学んでほしいのは、依存性薬物、つまりアルコールやタバコも含めて、これらはみんな自分の意思でやめられると思われていますが、2割なり3割の確率で依存症となってしまう可能性がありますᅟ。一度依存症になってしまうと治療を受けないと治らないし、治療を受けても治すのが難しい病気の一つです。

個人や親たちで治せるものではありません。しかるべき機関に相談し、一刻も早く抜け出す手段を考えましょう。

0と1の差が一番大きいわけで、1回ぐらいならいいだろうということが通じないのです。

依存症に陥ってしまって一生病人になることがあっても、覚醒剤やドラッグをやることで大人になるということはありえません。

誘われても、とにかく断ることです。どうしてもその仲間から抜け出せない、逃げるのが難しいようでしたら、親に相談して転校という選択も考えるべきだと思います。

38 スマホとのつき合い方

スマホは、今や生活に欠かすことのできないツールです。内閣府が2023年3月に発表した調査（『令和4年度　青少年のインターネット利用環境実態調査　調査結果』）によると、中学生の78・09％、高校生の97・09％がスマホを使っています。高校生のスマホ利用者の41・02％は、1日に4時間近くスマホでインターネットを利用すると回答しています。

スマホを長時間使い続けると「スマホ依存症」になるリスクがあります。依存症とは、特定の行動や物質の使用を自分の意思でコントロールできなくなる病気で、生活や健康に深刻な問題が生じます。そのことを自覚してもなお自分で制御できない状態や、やめたくてもやめられない状態になります。そうなっては受験勉強どころではありません。

スマホを依存的に使用すると、私たちの生活に大きな悪影響を与えることになります。「感情をコントロールできなくなる」「自己中心的な考えに傾く」「イライラしやすくなる」「睡眠時間を削るので睡眠時間が短くなる」「思考力が低下する」「成績が落ちる」などです。

スマホは、ものを調べるときや、友人とのコミュニケーションツールとしては確かに便利です。スマホのリテラシー（特定の分野についての知識や能力）を持っていて悪くはないと思いますが、依存性があることは知っておいたほうがいいと思います。依存性を避けるために一番いい方法は、1日の使用時間を制限することです。そして、スマホを持たない時間帯を必ずつくることです。

スマホはある一定の確率で依存症になるものですし、危険を伴っているものなので、ある時間内に収めるようにセーブしないといけません。

SNSではいろいろな人とつながれますが、中高生にとってはリスクのほうが多いと言えます。

中高生時代にスマホを使わないと一生スマホが使えないみたいなうそをつく人がいますが、70歳になってスマホを使いはじめる人もいるのですから、スマホを使えないなど、そんなことはありえません。

ただ、今の子どもたちは人間関係をつくるのが決して上手とは思えません。こういうツールを使わないと人とコミュニケーションをとれない子が多いので、それは仕方のないことだと思いますが、学校に行っていて友だちもいるのだから、人とつながるツールとしてスマホを使うことにどれだけ意味があるのか、私は疑問に思います。

私は、学校とは社会に出たときの練習や、教訓を与える場所だと思うのです。今のこの重要な時期を、スマホなしでも人とつき合える練習期間としてほしいと思っています。

そしてやはりスマホに関しては、親子間で話し合ってルールを作り、破ったら親は解約するぐらいの強い態度で接しなければダメだと思います。それは親の愛情です。18歳未満の場合なら、契約してお金を出しているのは親なのですから。

スマホを楽しむためには、「まったく使わない」か「好きなように使う」という0か100かという思考ではなくて、どのようにスマホと共存するかが重要だと思います。

39 AI（人工知能）の活用法

今はまだそこまでする中高生はいないかもしれませんが、LINEを使って作文するとか、論文を作成するなどといったことが非常に簡単になってきています。もちろん大人になってから仕事を楽にするために、それを使うのは悪いことではないとは思いますが、子ども時代にそういったことをしてしまうと、本当に自分で文章を書けない人間になってしまいます。

AIとは、使えば使うほど実際の自分ではなくなり、それよりはるかに背伸びができるようになる道具だと思います。

実際、今は結構それに近いことが起こっていて、自己推薦文とか大学に入ったらやりたいこととか、そういうものを提出しなければならない学校が増えています。

学校のほうはそうした方向に向いていますが、学生のほうはＡＩを使えばそんな提出物は一発で作ることができます。

ただ、だからと言って今後10年経っても20年経っても、大学の入学試験でＡＩを使ってもいいということにはならないと思います。

たとえば今あなたが中高生で、将来大学を受ける時期になってもＡＩが解禁されているとは思えないので、やはり今は、自分で文章を書く練習はしておいたほうがいいと思います。

どんなにＡＩを使うのが当たり前の時代になったとしても、必要な能力というものは求められるのです。

英語どころか、ドイツ語、フランス語、中国語をまったく勉強しなくても、自動翻訳機で何だってできる時代になったときに、勉強しなくても対応できる可能性は十分あると思います。だから、その外国語教育を大学生になってまでやる必要があるのかと疑問に思うわけですけれども、ただ最低限の知識や能力は必要だと思うのです。

昔、榊原英資《さかきばらえいすけ》さんという経済学者で大蔵省の財務官だった人と対談したことがあるのですが、英語の達人と言われた榊原さんでさえ、相手と英語でしゃべっていると思考速度が3分の1になるそうです。つまり、日本語でものを考えたほうがやはり速くて確実だと思ったそうです。

ですので、挨拶だけは英語でやって、本格的な討論とか、あるいは議論とか交渉事に入ったときは、日本語で考えて自動翻訳させたほうがたぶん相手に勝てる可能性が高いのではないでしょうか。

だからと言って、英語を勉強しないでいいかというと、そういうことではありません。いつそうした道具がないシチュエーションに置かれるのかわかりませんし、その道具をなくしたときにまったく無防備状態になるわけです。そうした状況に置かれたときに結局、母国語に頼らないといけなくなると、人間は弱いものです。

つまり、人間というのはいろいろなシチュエーションに置かれたときに最低限は生きていける能力を持っていたほうがいいと言えます。ですから、中高生の時代は、そういう道具がなくても生きていけるすべを身につける時期だと思います。大学以上の高等教育になって初めて道具を使ってもいいよということです。

結論を言うなら、子どもの時期と大人の時期を分けるべきだということです。子どもの時期とはイヤでも思考能力を鍛えなければいけない時期だと信じています。

ひょっとしたら私の考え方のほうが古いのかもしれないし、あるいは10年後、20年後どう変わるかわからないですが、今の君たちには、AIを活用するよりも、自分自身の情報リテラシーを培うべき時期なんだよと言いたいのです。

40 情報リテラシー

前にも説明しましたが、リテラシーとは、「読み書きの能力」を表す言葉で、現在は「特定の分野についての知識や能力」という意味で使われるのが一般的です。また、それらを発揮する力を意味している場合もあります。

日本はスマホの普及率が異様と言えるほど高いのに、ある新聞社による調査の結果を見てみると、誤った報道などがあったときに、ウラを取るという意識が薄く、一番素直にそれを信じるのは日本人なのだそうです。

たとえば戦争があったときに、どちらの国が良いとか、どちらの国が悪いとか、そういう一方的な話ではなくて、本来はいろいろな人の意見を聞いて君自身が考えることによって、戦争なんてやらないほうがいいという原点に立ちもどれるかもしれません。良い悪いを言い出したのでは、らちが明きません。そういったことでも、やはり常に疑いの目を持つとか、他の意見を聞いてみるといった習慣を身につけなければいけないと思います。

みんなが言っているから正しいわけではないということを心に留めておくことも必要です。

こんなに情報が得やすい世の中になっているのに、多面的な情報を得ようという習慣のない国が日本に限らず多くあります。素直に人の言うことを信じてしまうとか、情報に操られるということは、人間として自分が終わるということなのではないでしょうか。

何事もうのみにせず、議論することが大事だと思います。

だからこそ、ニュースソースなるものをどう捉えるかということが大事になってくるのです。

教科書というものも実はニュースソースの一つです。中高生の教科書に書いてあることがすべて正しいということを前提にしているから、それを覚えなければいけないとする、今の受験制度が悪いと言う人がいますが、そうではないと思います。これはゲームみたいなもので、いわゆるゲームに勝つために教科書を覚えているわけで、それを正しい、信じろと言っているわけではありません。

教科書の記述が変われば、答えが違ってくるという話です。入学試験というのはそれに基づいて出されているわけですから、それが正しいと信じる必要はありませんが、そこに書かれている通りの答えを書かないと点がもらえないゲームなのです。

ただし、情報に関しての知識や理解力、つまり情報リテラシーが必要だという側面はあります。

学校の教科書ですら、すべて正しいと思う必要はなくて、疑われる箇所があるとか、これは違うのではないかと思ったら調べることです。教科書にこう書いてあるから正しいなんて思ってはいけないわけです。

それとはまた別で、受験用の情報リテラシーが残念ながらあるので、それはそれとして持っておいたほうが大学受験のときに役に立つのは確かです。

韓国では、同じ歴史についても日本とは全然違うように書かれているわけですが、彼らは大学受験で一生が決まるような国だから、そのまま情報として（知識として）覚えてしまうのは仕方のないことです。それで反日的になる人間もいますが、やはり自分のものとして考えているうちに親日的になる人もいるわけです。

そして、それがリテラシーとしての正しい姿だと思います。

あとがき

本書に最後までつき合っていただきありがとうございます。

いろいろなことを書いてきましたが、自分としては、きれいごとでなく、世の中を生きてきて感じた正直な話を書いたつもりです。

もちろん、いろいろな項目を全部、その通りやれというつもりはありません。おかれた状況も読者の方、一人一人違うでしょうし、人によって合う合わないはあることでしょう。

本書の内容は、これからを少しでもうまく生きていくための情報であると同時に、試してみる材料でもあります。

書かれている通りにやってみて、たとえば人間関係がうまくいったり、成績が上がることもあるでしょうし、うまくいかないこともあるでしょう。うまくいかなければ、それは自分に合わなかったんだということにして、やめてしまうこともできますし、少しアレンジしてみてもいいでしょう。

一つうまくいったなら、次の項目を試せば、少しずついろいろなことが楽になるでしょう。

本書に書かれていることが、どのくらい君たちに合うものなのかは一人一人違うでしょうが、一つくらいはうまくいくものがあると信じています。合わないものがあったからといって、全部捨ててしまうのはもったいないと思います。一つくらいは自分に合うかもと思って、あれこれと試してほしいのです。

この試すという態度は、これからの受験の成功にも、これからの成功にも、あるいは、今後の健康にもきっと役に立つものです。

巻には、いろいろな受験勉強法の本や、仕事術、ビジネスの世界での成功のためのテクニック書、あるいは健康になるためのハウツー本が出ています。

どれもが正しいわけではありませんが、通常はうまくいっている人が書いているので、試してみると、今の自分を改善してくれるテクニックが見つかる可能性は小さくありません。

試してみないことにはどれがいいやり方なのか、どれが自分に合ったものなのかはわからないままなのです。

この本でもいろいろと書きました。それらを試すことを通して、これからの人生においても、いいと思ったものがあれば試すという習慣が身につけば、この本が仮に役に立たなくても、君たちの人生のためには何よりの収穫だと思います。期待しています。

和田秀樹（わだ ひでき）

1960年、大阪府生まれ。東京大学医学部卒業。精神科医。東京大学医学部附属病院精神神経科助手、米国カール・メニンガー精神医学校国際フェローを経て、現在、和田秀樹こころと体のクリニック院長。和田秀樹の親塾代表・緑鐵受験指導ゼミナール代表。高齢者専門の精神科医として、35年以上にわたって高齢者医療の現場に携わっている。
著書に『80歳の壁』『70歳の正解』『バカとは何か』（幻冬舎新書）、『老いるが勝ち！』（文春新書）、『本当の人生　人生後半は思い通りに生きる』（PHP新書）、『死の壁　死ぬときに幸福な人』（かや書房）など多数。

編集協力　内田直子

18歳の壁　どう乗り越えるか

著者　和田秀樹

初版発行　2024年12月

発行所　株式会社 金の星社
〒111-0056 東京都台東区小島1-4-3
電話 03 (3861) 1861（代表）　FAX.03 (3861) 1507
ホームページ https://www.kinnohoshi.co.jp/
振替 00100-0-64678

印刷・製本　中央精版印刷株式会社

NDC914　ISBN978-4-323-07572-3　159P　18.8cm

Published by KIN-NO-HOSHI SHA, Tokyo, Japan

乱丁落丁本は、ご面倒ですが小社販売部宛にご送付ください。
送料小社負担にてお取替えいたします。